Copyright © 2021 Log Book Publishing

All rights reserved. No portion of this book may be reproduced in any form without permission from the publisher, except as permitted by U.S. copyright law.

First paperback edition August 2021

ISBN: 9798544174851

The Ubernizer

Includes:

- 500 Trips

- 24x Weekly Vehicle Check & Service Log Sheets
  (in back)

- 6x Monthly Gas & Oil Expense Log Sheets
  (in back)

Contacts

NAME:	NAME:
ADDRESS:	ADDRESS:
E-MAIL:	E-MAIL:
HOME:	HOME:
CELL:	CELL:
NAME:	NAME:
ADDRESS:	ADDRESS:
E-MAIL:	E-MAIL:
HOME:	HOME:
CELL:	CELL:
NAME:	NAME:
ADDRESS:	ADDRESS:
E-MAIL:	E-MAIL:
HOME:	HOME:
CELL:	CELL:
NAME:	NAME:
ADDRESS:	ADDRESS:
E-MAIL:	E-MAIL:
HOME:	HOME:
CELL:	CELL:
NAME:	NAME:
ADDRESS:	ADDRESS:
E-MAIL:	E-MAIL:
HOME:	HOME:
CELL:	CELL:
NAME:	NAME:
ADDRESS:	ADDRESS:
E-MAIL:	E-MAIL:
HOME:	HOME:
CELL:	CELL:
NAME:	NAME:
ADDRESS:	ADDRESS:
E-MAIL:	E-MAIL:
HOME:	HOME:
CELL:	CELL:

Contacts

NAME:
ADDRESS:
E-MAIL:
HOME:
CELL:

NAME:
ADDRESS:
E-MAIL:
HOME:
CELL:

NAME:
ADDRESS:
E-MAIL:
HOME:
CELL:

NAME:
ADDRESS:
E-MAIL:
HOME:
CELL:

NAME:
ADDRESS:
E-MAIL:
HOME:
CELL:

NAME:
ADDRESS:
E-MAIL:
HOME:
CELL:

NAME:
ADDRESS:
E-MAIL:
HOME:
CELL:

NAME:
ADDRESS:
E-MAIL:
HOME:
CELL:

NAME:
ADDRESS:
E-MAIL:
HOME:
CELL:

NAME:
ADDRESS:
E-MAIL:
HOME:
CELL:

NAME:
ADDRESS:
E-MAIL:
HOME:
CELL:

NAME:
ADDRESS:
E-MAIL:
HOME:
CELL:

NAME:
ADDRESS:
E-MAIL:
HOME:
CELL:

NAME:
ADDRESS:
E-MAIL:
HOME:
CELL:

NAME:
ADDRESS:
E-MAIL:
HOME:
CELL:

NAME:
ADDRESS:
E-MAIL:
HOME:
CELL:

Contacts

NAME:	NAME:
ADDRESS:	ADDRESS:
E-MAIL:	E-MAIL:
HOME:	HOME:
CELL:	CELL:
NAME:	NAME:
ADDRESS:	ADDRESS:
E-MAIL:	E-MAIL:
HOME:	HOME:
CELL:	CELL:
NAME:	NAME:
ADDRESS:	ADDRESS:
E-MAIL:	E-MAIL:
HOME:	HOME:
CELL:	CELL:
NAME:	NAME:
ADDRESS:	ADDRESS:
E-MAIL:	E-MAIL:
HOME:	HOME:
CELL:	CELL:
NAME:	NAME:
ADDRESS:	ADDRESS:
E-MAIL:	E-MAIL:
HOME:	HOME:
CELL:	CELL:
NAME:	NAME:
ADDRESS:	ADDRESS:
E-MAIL:	E-MAIL:
HOME:	HOME:
CELL:	CELL:
NAME:	NAME:
ADDRESS:	ADDRESS:
E-MAIL:	E-MAIL:
HOME:	HOME:
CELL:	CELL:

DATE: ___/___/_____

PICK UP LOCATION: _____

TIME: _____ ODOMETER: _____ GAS: _____

#PASSENGERS: _____

DROP OFF LOCATION: _____

TIME: _____ ODOMETER: _____ GAS: _____

PAY: _____ TIPS: _____

NOTES: _____

DATE: ___/___/_____

PICK UP LOCATION: _____

TIME: _____ ODOMETER: _____ GAS: _____

#PASSENGERS: _____

DROP OFF LOCATION: _____

TIME: _____ ODOMETER: _____ GAS: _____

PAY: _____ TIPS: _____

NOTES: _____

DATE: ___/___/_____

PICK UP LOCATION: _____

TIME: _____ ODOMETER: _____ GAS: _____

#PASSENGERS: _____

DROP OFF LOCATION: _____

TIME: _____ ODOMETER: _____ GAS: _____

PAY: _____ TIPS: _____

NOTES: _____

DATE: ___/___/_____

PICK UP LOCATION: _____

TIME: _____ ODOMETER: _____ GAS: _____

#PASSENGERS: _____

DROP OFF LOCATION: _____

TIME: _____ ODOMETER: _____ GAS: _____

PAY: _____ TIPS: _____

NOTES: _____

DATE: ___/___/_____

PICK UP LOCATION: _____

TIME: _____ ODOMETER: _____ GAS: _____

#PASSENGERS: _____

DROP OFF LOCATION: _____

TIME: _____ ODOMETER: _____ GAS: _____

PAY: _____ TIPS: _____

NOTES: _____

DATE: ___/___/_____

PICK UP LOCATION: _____

TIME: _____ ODOMETER: _____ GAS: _____

#PASSENGERS: _____

DROP OFF LOCATION: _____

TIME: _____ ODOMETER: _____ GAS: _____

PAY: _____ TIPS: _____

NOTES: _____

DATE: ___/___/_____

PICK UP LOCATION:_____

TIME:_____ ODOMETER:_____ GAS:_____

#PASSENGERS:_____

DROP OFF LOCATION:_____

TIME:_____ ODOMETER:_____ GAS:_____

PAY:_____ TIPS:_____

NOTES:_____

DATE: ___/___/_____

PICK UP LOCATION:_____

TIME:_____ ODOMETER:_____ GAS:_____

#PASSENGERS:_____

DROP OFF LOCATION:_____

TIME:_____ ODOMETER:_____ GAS:_____

PAY:_____ TIPS:_____

NOTES:_____

DATE: ___/___/_____

PICK UP LOCATION:_____

TIME:_____ ODOMETER:_____ GAS:_____

#PASSENGERS:_____

DROP OFF LOCATION:_____

TIME:_____ ODOMETER:_____ GAS:_____

PAY:_____ TIPS:_____

NOTES:_____

DATE: ___/___/_____

PICK UP LOCATION: _____

TIME: _____ ODOMETER: _____ GAS: _____

#PASSENGERS: _____

DROP OFF LOCATION: _____

TIME: _____ ODOMETER: _____ GAS: _____

PAY: _____ TIPS: _____

NOTES: _____

DATE: ___/___/_____

PICK UP LOCATION: _____

TIME: _____ ODOMETER: _____ GAS: _____

#PASSENGERS: _____

DROP OFF LOCATION: _____

TIME: _____ ODOMETER: _____ GAS: _____

PAY: _____ TIPS: _____

NOTES: _____

DATE: ___/___/_____

PICK UP LOCATION: _____

TIME: _____ ODOMETER: _____ GAS: _____

#PASSENGERS: _____

DROP OFF LOCATION: _____

TIME: _____ ODOMETER: _____ GAS: _____

PAY: _____ TIPS: _____

NOTES: _____

DATE: ___/___/_____

PICK UP LOCATION: _____

TIME: _____ ODOMETER: _____ GAS: _____

#PASSENGERS: _____

DROP OFF LOCATION: _____

TIME: _____ ODOMETER: _____ GAS: _____

PAY: _____ TIPS: _____

NOTES: _____

DATE: ___/___/_____

PICK UP LOCATION: _____

TIME: _____ ODOMETER: _____ GAS: _____

#PASSENGERS: _____

DROP OFF LOCATION: _____

TIME: _____ ODOMETER: _____ GAS: _____

PAY: _____ TIPS: _____

NOTES: _____

DATE: ___/___/_____

PICK UP LOCATION: _____

TIME: _____ ODOMETER: _____ GAS: _____

#PASSENGERS: _____

DROP OFF LOCATION: _____

TIME: _____ ODOMETER: _____ GAS: _____

PAY: _____ TIPS: _____

NOTES: _____

DATE: ___/___/_____

PICK UP LOCATION:_____

TIME: _____ ODOMETER: _____ GAS: _____

#PASSENGERS: _____

DROP OFF LOCATION: _____

TIME: _____ ODOMETER: _____ GAS: _____

PAY: _____ TIPS: _____

NOTES: _____

DATE: ___/___/_____

PICK UP LOCATION:_____

TIME: _____ ODOMETER: _____ GAS: _____

#PASSENGERS: _____

DROP OFF LOCATION: _____

TIME: _____ ODOMETER: _____ GAS: _____

PAY: _____ TIPS: _____

NOTES: _____

DATE: ___/___/_____

PICK UP LOCATION:_____

TIME: _____ ODOMETER: _____ GAS: _____

#PASSENGERS: _____

DROP OFF LOCATION: _____

TIME: _____ ODOMETER: _____ GAS: _____

PAY: _____ TIPS: _____

NOTES: _____

DATE: ___/___/_____

PICK UP LOCATION: _____

TIME: _____ ODOMETER: _____ GAS: _____

#PASSENGERS: _____

DROP OFF LOCATION: _____

TIME: _____ ODOMETER: _____ GAS: _____

PAY: _____ TIPS: _____

NOTES: _____

DATE: ___/___/_____

PICK UP LOCATION: _____

TIME: _____ ODOMETER: _____ GAS: _____

#PASSENGERS: _____

DROP OFF LOCATION: _____

TIME: _____ ODOMETER: _____ GAS: _____

PAY: _____ TIPS: _____

NOTES: _____

DATE: ___/___/_____

PICK UP LOCATION: _____

TIME: _____ ODOMETER: _____ GAS: _____

#PASSENGERS: _____

DROP OFF LOCATION: _____

TIME: _____ ODOMETER: _____ GAS: _____

PAY: _____ TIPS: _____

NOTES: _____

DATE: ___/___/_____

PICK UP LOCATION: _____

TIME: _____ ODOMETER: _____ GAS: _____

#PASSENGERS: _____

DROP OFF LOCATION: _____

TIME: _____ ODOMETER: _____ GAS: _____

PAY: _____ TIPS: _____

NOTES: _____

DATE: ___/___/_____

PICK UP LOCATION: _____

TIME: _____ ODOMETER: _____ GAS: _____

#PASSENGERS: _____

DROP OFF LOCATION: _____

TIME: _____ ODOMETER: _____ GAS: _____

PAY: _____ TIPS: _____

NOTES: _____

DATE: ___/___/_____

PICK UP LOCATION: _____

TIME: _____ ODOMETER: _____ GAS: _____

#PASSENGERS: _____

DROP OFF LOCATION: _____

TIME: _____ ODOMETER: _____ GAS: _____

PAY: _____ TIPS: _____

NOTES: _____

DATE: ___/___/_____

PICK UP LOCATION: _____

TIME: _____ ODOMETER: _____ GAS: _____

#PASSENGERS: _____

DROP OFF LOCATION: _____

TIME: _____ ODOMETER: _____ GAS: _____

PAY: _____ TIPS: _____

NOTES: _____

DATE: ___/___/_____

PICK UP LOCATION: _____

TIME: _____ ODOMETER: _____ GAS: _____

#PASSENGERS: _____

DROP OFF LOCATION: _____

TIME: _____ ODOMETER: _____ GAS: _____

PAY: _____ TIPS: _____

NOTES: _____

DATE: ___/___/_____

PICK UP LOCATION: _____

TIME: _____ ODOMETER: _____ GAS: _____

#PASSENGERS: _____

DROP OFF LOCATION: _____

TIME: _____ ODOMETER: _____ GAS: _____

PAY: _____ TIPS: _____

NOTES: _____

DATE: ___/___/_____

PICK UP LOCATION: _____

TIME: _____ ODOMETER: _____ GAS: _____

#PASSENGERS: _____

DROP OFF LOCATION: _____

TIME: _____ ODOMETER: _____ GAS: _____

PAY: _____ TIPS: _____

NOTES: _____

DATE: ___/___/_____

PICK UP LOCATION: _____

TIME: _____ ODOMETER: _____ GAS: _____

#PASSENGERS: _____

DROP OFF LOCATION: _____

TIME: _____ ODOMETER: _____ GAS: _____

PAY: _____ TIPS: _____

NOTES: _____

DATE: ___/___/_____

PICK UP LOCATION: _____

TIME: _____ ODOMETER: _____ GAS: _____

#PASSENGERS: _____

DROP OFF LOCATION: _____

TIME: _____ ODOMETER: _____ GAS: _____

PAY: _____ TIPS: _____

NOTES: _____

DATE: ___/___/_____

PICK UP LOCATION: _____

TIME: _____ ODOMETER: _____ GAS: _____

#PASSENGERS: _____

DROP OFF LOCATION: _____

TIME: _____ ODOMETER: _____ GAS: _____

PAY: _____ TIPS: _____

NOTES: _____

DATE: ___/___/_____

PICK UP LOCATION: _____

TIME: _____ ODOMETER: _____ GAS: _____

#PASSENGERS: _____

DROP OFF LOCATION: _____

TIME: _____ ODOMETER: _____ GAS: _____

PAY: _____ TIPS: _____

NOTES: _____

DATE: ___/___/_____

PICK UP LOCATION: _____

TIME: _____ ODOMETER: _____ GAS: _____

#PASSENGERS: _____

DROP OFF LOCATION: _____

TIME: _____ ODOMETER: _____ GAS: _____

PAY: _____ TIPS: _____

NOTES: _____

DATE: ___/___/_____

PICK UP LOCATION: _____

TIME: _____ ODOMETER: _____ GAS: _____

#PASSENGERS: _____

DROP OFF LOCATION: _____

TIME: _____ ODOMETER: _____ GAS: _____

PAY: _____ TIPS: _____

NOTES: _____

DATE: ___/___/_____

PICK UP LOCATION: _____

TIME: _____ ODOMETER: _____ GAS: _____

#PASSENGERS: _____

DROP OFF LOCATION: _____

TIME: _____ ODOMETER: _____ GAS: _____

PAY: _____ TIPS: _____

NOTES: _____

DATE: ___/___/_____

PICK UP LOCATION: _____

TIME: _____ ODOMETER: _____ GAS: _____

#PASSENGERS: _____

DROP OFF LOCATION: _____

TIME: _____ ODOMETER: _____ GAS: _____

PAY: _____ TIPS: _____

NOTES: _____

DATE: ___/___/_____

PICK UP LOCATION: _____

TIME: _____ ODOMETER: _____ GAS: _____

#PASSENGERS: _____

DROP OFF LOCATION: _____

TIME: _____ ODOMETER: _____ GAS: _____

PAY: _____ TIPS: _____

NOTES: _____

DATE: ___/___/_____

PICK UP LOCATION: _____

TIME: _____ ODOMETER: _____ GAS: _____

#PASSENGERS: _____

DROP OFF LOCATION: _____

TIME: _____ ODOMETER: _____ GAS: _____

PAY: _____ TIPS: _____

NOTES: _____

DATE: ___/___/_____

PICK UP LOCATION: _____

TIME: _____ ODOMETER: _____ GAS: _____

#PASSENGERS: _____

DROP OFF LOCATION: _____

TIME: _____ ODOMETER: _____ GAS: _____

PAY: _____ TIPS: _____

NOTES: _____

DATE: ___/___/_____

PICK UP LOCATION: _____

TIME: _____ ODOMETER: _____ GAS: _____

#PASSENGERS: _____

DROP OFF LOCATION: _____

TIME: _____ ODOMETER: _____ GAS: _____

PAY: _____ TIPS: _____

NOTES: _____

DATE: ___/___/_____

PICK UP LOCATION: _____

TIME: _____ ODOMETER: _____ GAS: _____

#PASSENGERS: _____

DROP OFF LOCATION: _____

TIME: _____ ODOMETER: _____ GAS: _____

PAY: _____ TIPS: _____

NOTES: _____

DATE: ___/___/_____

PICK UP LOCATION: _____

TIME: _____ ODOMETER: _____ GAS: _____

#PASSENGERS: _____

DROP OFF LOCATION: _____

TIME: _____ ODOMETER: _____ GAS: _____

PAY: _____ TIPS: _____

NOTES: _____

DATE: ___/___/_____

PICK UP LOCATION: _____

TIME: _____ ODOMETER: _____ GAS: _____

#PASSENGERS: _____

DROP OFF LOCATION: _____

TIME: _____ ODOMETER: _____ GAS: _____

PAY: _____ TIPS: _____

NOTES: _____

DATE: ___/___/_____

PICK UP LOCATION: _____

TIME: _____ ODOMETER: _____ GAS: _____

#PASSENGERS: _____

DROP OFF LOCATION: _____

TIME: _____ ODOMETER: _____ GAS: _____

PAY: _____ TIPS: _____

NOTES: _____

DATE: ___/___/_____

PICK UP LOCATION: _____

TIME: _____ ODOMETER: _____ GAS: _____

#PASSENGERS: _____

DROP OFF LOCATION: _____

TIME: _____ ODOMETER: _____ GAS: _____

PAY: _____ TIPS: _____

NOTES: _____

DATE: ___/___/_____

PICK UP LOCATION: _____

TIME: _____ ODOMETER: _____ GAS: _____

#PASSENGERS: _____

DROP OFF LOCATION: _____

TIME: _____ ODOMETER: _____ GAS: _____

PAY: _____ TIPS: _____

NOTES: _____

DATE: ___/___/_____

PICK UP LOCATION: _____

TIME: _____ ODOMETER: _____ GAS: _____

#PASSENGERS: _____

DROP OFF LOCATION: _____

TIME: _____ ODOMETER: _____ GAS: _____

PAY: _____ TIPS: _____

NOTES: _____

DATE: ___/___/_____

PICK UP LOCATION: _____

TIME: _____ ODOMETER: _____ GAS: _____

#PASSENGERS: _____

DROP OFF LOCATION: _____

TIME: _____ ODOMETER: _____ GAS: _____

PAY: _____ TIPS: _____

NOTES: _____

DATE: ___/___/_____

PICK UP LOCATION: _____

TIME: _____ ODOMETER: _____ GAS: _____

#PASSENGERS: _____

DROP OFF LOCATION: _____

TIME: _____ ODOMETER: _____ GAS: _____

PAY: _____ TIPS: _____

NOTES: _____

DATE: ___/___/_____

PICK UP LOCATION: _____

TIME: _____ ODOMETER: _____ GAS: _____

#PASSENGERS: _____

DROP OFF LOCATION: _____

TIME: _____ ODOMETER: _____ GAS: _____

PAY: _____ TIPS: _____

NOTES: _____

DATE: ___/___/_____

PICK UP LOCATION: _____

TIME: _____ ODOMETER: _____ GAS: _____

#PASSENGERS: _____

DROP OFF LOCATION: _____

TIME: _____ ODOMETER: _____ GAS: _____

PAY: _____ TIPS: _____

NOTES: _____

DATE: ___/___/_____

PICK UP LOCATION: _____

TIME: _____ ODOMETER: _____ GAS: _____

#PASSENGERS: _____

DROP OFF LOCATION: _____

TIME: _____ ODOMETER: _____ GAS: _____

PAY: _____ TIPS: _____

NOTES: _____

DATE: ___/___/_____

PICK UP LOCATION: _____

TIME: _____ ODOMETER: _____ GAS: _____

#PASSENGERS: _____

DROP OFF LOCATION: _____

TIME: _____ ODOMETER: _____ GAS: _____

PAY: _____ TIPS: _____

NOTES: _____

DATE: ___/___/_____

PICK UP LOCATION: _____

TIME: _____ ODOMETER: _____ GAS: _____

#PASSENGERS: _____

DROP OFF LOCATION: _____

TIME: _____ ODOMETER: _____ GAS: _____

PAY: _____ TIPS: _____

NOTES: _____

DATE: ___/___/_____

PICK UP LOCATION: _____

TIME: _____ ODOMETER: _____ GAS: _____

#PASSENGERS: _____

DROP OFF LOCATION: _____

TIME: _____ ODOMETER: _____ GAS: _____

PAY: _____ TIPS: _____

NOTES: _____

DATE: ___/___/_____

PICK UP LOCATION: _____

TIME: _____ ODOMETER: _____ GAS: _____

#PASSENGERS: _____

DROP OFF LOCATION: _____

TIME: _____ ODOMETER: _____ GAS: _____

PAY: _____ TIPS: _____

NOTES: _____

DATE: ___/___/_____

PICK UP LOCATION: _____

TIME: _____ ODOMETER: _____ GAS: _____

#PASSENGERS: _____

DROP OFF LOCATION: _____

TIME: _____ ODOMETER: _____ GAS: _____

PAY: _____ TIPS: _____

NOTES: _____

DATE: ___/___/_____

PICK UP LOCATION: _____

TIME: _____ ODOMETER: _____ GAS: _____

#PASSENGERS: _____

DROP OFF LOCATION: _____

TIME: _____ ODOMETER: _____ GAS: _____

PAY: _____ TIPS: _____

NOTES: _____

DATE: ___/___/_____

PICK UP LOCATION: _____

TIME: _____ ODOMETER: _____ GAS: _____

#PASSENGERS: _____

DROP OFF LOCATION: _____

TIME: _____ ODOMETER: _____ GAS: _____

PAY: _____ TIPS: _____

NOTES: _____

DATE: ___/___/_____

PICK UP LOCATION: _____

TIME: _____ ODOMETER: _____ GAS: _____

#PASSENGERS: _____

DROP OFF LOCATION: _____

TIME: _____ ODOMETER: _____ GAS: _____

PAY: _____ TIPS: _____

NOTES: _____

DATE: ___/___/_____

PICK UP LOCATION: _____

TIME: _____ ODOMETER: _____ GAS: _____

#PASSENGERS: _____

DROP OFF LOCATION: _____

TIME: _____ ODOMETER: _____ GAS: _____

PAY: _____ TIPS: _____

NOTES: _____

DATE: ___/___/_____

PICK UP LOCATION: _____

TIME: _____ ODOMETER: _____ GAS: _____

#PASSENGERS: _____

DROP OFF LOCATION: _____

TIME: _____ ODOMETER: _____ GAS: _____

PAY: _____ TIPS: _____

NOTES: _____

DATE: ___/___/_____

PICK UP LOCATION: _____

TIME: _____ ODOMETER: _____ GAS: _____

#PASSENGERS: _____

DROP OFF LOCATION: _____

TIME: _____ ODOMETER: _____ GAS: _____

PAY: _____ TIPS: _____

NOTES: _____

DATE: ___/___/_____

PICK UP LOCATION:_____

TIME:_____ ODOMETER:_____ GAS:_____

#PASSENGERS:_____

DROP OFF LOCATION:_____

TIME:_____ ODOMETER:_____ GAS:_____

PAY:_____ TIPS:_____

NOTES:_____

DATE: ___/___/_____

PICK UP LOCATION:_____

TIME:_____ ODOMETER:_____ GAS:_____

#PASSENGERS:_____

DROP OFF LOCATION:_____

TIME:_____ ODOMETER:_____ GAS:_____

PAY:_____ TIPS:_____

NOTES:_____

DATE: ___/___/_____

PICK UP LOCATION:_____

TIME:_____ ODOMETER:_____ GAS:_____

#PASSENGERS:_____

DROP OFF LOCATION:_____

TIME:_____ ODOMETER:_____ GAS:_____

PAY:_____ TIPS:_____

NOTES:_____

DATE: ___/___/_____

PICK UP LOCATION: _____

TIME: _____ ODOMETER: _____ GAS: _____

#PASSENGERS: _____

DROP OFF LOCATION: _____

TIME: _____ ODOMETER: _____ GAS: _____

PAY: _____ TIPS: _____

NOTES: _____

DATE: ___/___/_____

PICK UP LOCATION: _____

TIME: _____ ODOMETER: _____ GAS: _____

#PASSENGERS: _____

DROP OFF LOCATION: _____

TIME: _____ ODOMETER: _____ GAS: _____

PAY: _____ TIPS: _____

NOTES: _____

DATE: ___/___/_____

PICK UP LOCATION: _____

TIME: _____ ODOMETER: _____ GAS: _____

#PASSENGERS: _____

DROP OFF LOCATION: _____

TIME: _____ ODOMETER: _____ GAS: _____

PAY: _____ TIPS: _____

NOTES: _____

DATE: ___/___/_____

PICK UP LOCATION:_____

TIME:_____ ODOMETER:_____ GAS:_____

#PASSENGERS:_____

DROP OFF LOCATION:_____

TIME:_____ ODOMETER:_____ GAS:_____

PAY:_____ TIPS:_____

NOTES:_____

DATE: ___/___/_____

PICK UP LOCATION:_____

TIME:_____ ODOMETER:_____ GAS:_____

#PASSENGERS:_____

DROP OFF LOCATION:_____

TIME:_____ ODOMETER:_____ GAS:_____

PAY:_____ TIPS:_____

NOTES:_____

DATE: ___/___/_____

PICK UP LOCATION:_____

TIME:_____ ODOMETER:_____ GAS:_____

#PASSENGERS:_____

DROP OFF LOCATION:_____

TIME:_____ ODOMETER:_____ GAS:_____

PAY:_____ TIPS:_____

NOTES:_____

DATE: ___/___/_____

PICK UP LOCATION: _____

TIME: _____ ODOMETER: _____ GAS: _____

#PASSENGERS: _____

DROP OFF LOCATION: _____

TIME: _____ ODOMETER: _____ GAS: _____

PAY: _____ TIPS: _____

NOTES: _____

DATE: ___/___/_____

PICK UP LOCATION: _____

TIME: _____ ODOMETER: _____ GAS: _____

#PASSENGERS: _____

DROP OFF LOCATION: _____

TIME: _____ ODOMETER: _____ GAS: _____

PAY: _____ TIPS: _____

NOTES: _____

DATE: ___/___/_____

PICK UP LOCATION: _____

TIME: _____ ODOMETER: _____ GAS: _____

#PASSENGERS: _____

DROP OFF LOCATION: _____

TIME: _____ ODOMETER: _____ GAS: _____

PAY: _____ TIPS: _____

NOTES: _____

DATE: ___/___/_____

PICK UP LOCATION: _____

TIME: _____ ODOMETER: _____ GAS: _____

#PASSENGERS: _____

DROP OFF LOCATION: _____

TIME: _____ ODOMETER: _____ GAS: _____

PAY: _____ TIPS: _____

NOTES: _____

DATE: ___/___/_____

PICK UP LOCATION: _____

TIME: _____ ODOMETER: _____ GAS: _____

#PASSENGERS: _____

DROP OFF LOCATION: _____

TIME: _____ ODOMETER: _____ GAS: _____

PAY: _____ TIPS: _____

NOTES: _____

DATE: ___/___/_____

PICK UP LOCATION: _____

TIME: _____ ODOMETER: _____ GAS: _____

#PASSENGERS: _____

DROP OFF LOCATION: _____

TIME: _____ ODOMETER: _____ GAS: _____

PAY: _____ TIPS: _____

NOTES: _____

DATE: ___/___/_____

PICK UP LOCATION: _____

TIME: _____ ODOMETER: _____ GAS: _____

#PASSENGERS: _____

DROP OFF LOCATION: _____

TIME: _____ ODOMETER: _____ GAS: _____

PAY: _____ TIPS: _____

NOTES: _____

DATE: ___/___/_____

PICK UP LOCATION: _____

TIME: _____ ODOMETER: _____ GAS: _____

#PASSENGERS: _____

DROP OFF LOCATION: _____

TIME: _____ ODOMETER: _____ GAS: _____

PAY: _____ TIPS: _____

NOTES: _____

DATE: ___/___/_____

PICK UP LOCATION: _____

TIME: _____ ODOMETER: _____ GAS: _____

#PASSENGERS: _____

DROP OFF LOCATION: _____

TIME: _____ ODOMETER: _____ GAS: _____

PAY: _____ TIPS: _____

NOTES: _____

DATE: ___/___/_____

PICK UP LOCATION: _____

TIME: _____ ODOMETER: _____ GAS: _____

#PASSENGERS: _____

DROP OFF LOCATION: _____

TIME: _____ ODOMETER: _____ GAS: _____

PAY: _____ TIPS: _____

NOTES: _____

DATE: ___/___/_____

PICK UP LOCATION: _____

TIME: _____ ODOMETER: _____ GAS: _____

#PASSENGERS: _____

DROP OFF LOCATION: _____

TIME: _____ ODOMETER: _____ GAS: _____

PAY: _____ TIPS: _____

NOTES: _____

DATE: ___/___/_____

PICK UP LOCATION: _____

TIME: _____ ODOMETER: _____ GAS: _____

#PASSENGERS: _____

DROP OFF LOCATION: _____

TIME: _____ ODOMETER: _____ GAS: _____

PAY: _____ TIPS: _____

NOTES: _____

DATE: ___/___/_____

PICK UP LOCATION: _____

TIME: _____ ODOMETER: _____ GAS: _____

#PASSENGERS: _____

DROP OFF LOCATION: _____

TIME: _____ ODOMETER: _____ GAS: _____

PAY: _____ TIPS: _____

NOTES: _____

DATE: ___/___/_____

PICK UP LOCATION: _____

TIME: _____ ODOMETER: _____ GAS: _____

#PASSENGERS: _____

DROP OFF LOCATION: _____

TIME: _____ ODOMETER: _____ GAS: _____

PAY: _____ TIPS: _____

NOTES: _____

DATE: ___/___/_____

PICK UP LOCATION: _____

TIME: _____ ODOMETER: _____ GAS: _____

#PASSENGERS: _____

DROP OFF LOCATION: _____

TIME: _____ ODOMETER: _____ GAS: _____

PAY: _____ TIPS: _____

NOTES: _____

DATE: ___/___/_____

PICK UP LOCATION:_____

TIME:_____ ODOMETER:_____ GAS:_____

#PASSENGERS:_____

DROP OFF LOCATION:_____

TIME:_____ ODOMETER:_____ GAS:_____

PAY:_____ TIPS:_____

NOTES:_____

DATE: ___/___/_____

PICK UP LOCATION:_____

TIME:_____ ODOMETER:_____ GAS:_____

#PASSENGERS:_____

DROP OFF LOCATION:_____

TIME:_____ ODOMETER:_____ GAS:_____

PAY:_____ TIPS:_____

NOTES:_____

DATE: ___/___/_____

PICK UP LOCATION:_____

TIME:_____ ODOMETER:_____ GAS:_____

#PASSENGERS:_____

DROP OFF LOCATION:_____

TIME:_____ ODOMETER:_____ GAS:_____

PAY:_____ TIPS:_____

NOTES:_____

DATE: ___/___/_____

PICK UP LOCATION: _____

TIME: _____ ODOMETER: _____ GAS: _____

#PASSENGERS: _____

DROP OFF LOCATION: _____

TIME: _____ ODOMETER: _____ GAS: _____

PAY: _____ TIPS: _____

NOTES: _____

DATE: ___/___/_____

PICK UP LOCATION: _____

TIME: _____ ODOMETER: _____ GAS: _____

#PASSENGERS: _____

DROP OFF LOCATION: _____

TIME: _____ ODOMETER: _____ GAS: _____

PAY: _____ TIPS: _____

NOTES: _____

DATE: ___/___/_____

PICK UP LOCATION: _____

TIME: _____ ODOMETER: _____ GAS: _____

#PASSENGERS: _____

DROP OFF LOCATION: _____

TIME: _____ ODOMETER: _____ GAS: _____

PAY: _____ TIPS: _____

NOTES: _____

DATE: ___/___/_____

PICK UP LOCATION:_____

TIME:_____ ODOMETER:_____ GAS:_____

#PASSENGERS:_____

DROP OFF LOCATION:_____

TIME:_____ ODOMETER:_____ GAS:_____

PAY:_____ TIPS:_____

NOTES:_____

DATE: ___/___/_____

PICK UP LOCATION:_____

TIME:_____ ODOMETER:_____ GAS:_____

#PASSENGERS:_____

DROP OFF LOCATION:_____

TIME:_____ ODOMETER:_____ GAS:_____

PAY:_____ TIPS:_____

NOTES:_____

DATE: ___/___/_____

PICK UP LOCATION:_____

TIME:_____ ODOMETER:_____ GAS:_____

#PASSENGERS:_____

DROP OFF LOCATION:_____

TIME:_____ ODOMETER:_____ GAS:_____

PAY:_____ TIPS:_____

NOTES:_____

DATE: ___/___/_____

PICK UP LOCATION: _____

TIME: _____ ODOMETER: _____ GAS: _____

#PASSENGERS: _____

DROP OFF LOCATION: _____

TIME: _____ ODOMETER: _____ GAS: _____

PAY: _____ TIPS: _____

NOTES: _____

DATE: ___/___/_____

PICK UP LOCATION: _____

TIME: _____ ODOMETER: _____ GAS: _____

#PASSENGERS: _____

DROP OFF LOCATION: _____

TIME: _____ ODOMETER: _____ GAS: _____

PAY: _____ TIPS: _____

NOTES: _____

DATE: ___/___/_____

PICK UP LOCATION: _____

TIME: _____ ODOMETER: _____ GAS: _____

#PASSENGERS: _____

DROP OFF LOCATION: _____

TIME: _____ ODOMETER: _____ GAS: _____

PAY: _____ TIPS: _____

NOTES: _____

DATE: ___/___/_____

PICK UP LOCATION:_____

TIME:_____ ODOMETER:_____ GAS:_____

#PASSENGERS:_____

DROP OFF LOCATION:_____

TIME:_____ ODOMETER:_____ GAS:_____

PAY:_____ TIPS:_____

NOTES:_____

DATE: ___/___/_____

PICK UP LOCATION:_____

TIME:_____ ODOMETER:_____ GAS:_____

#PASSENGERS:_____

DROP OFF LOCATION:_____

TIME:_____ ODOMETER:_____ GAS:_____

PAY:_____ TIPS:_____

NOTES:_____

DATE: ___/___/_____

PICK UP LOCATION:_____

TIME:_____ ODOMETER:_____ GAS:_____

#PASSENGERS:_____

DROP OFF LOCATION:_____

TIME:_____ ODOMETER:_____ GAS:_____

PAY:_____ TIPS:_____

NOTES:_____

DATE: ___/___/_____

PICK UP LOCATION: _____

TIME: _____ ODOMETER: _____ GAS: _____

#PASSENGERS: _____

DROP OFF LOCATION: _____

TIME: _____ ODOMETER: _____ GAS: _____

PAY: _____ TIPS: _____

NOTES: _____

DATE: ___/___/_____

PICK UP LOCATION: _____

TIME: _____ ODOMETER: _____ GAS: _____

#PASSENGERS: _____

DROP OFF LOCATION: _____

TIME: _____ ODOMETER: _____ GAS: _____

PAY: _____ TIPS: _____

NOTES: _____

DATE: ___/___/_____

PICK UP LOCATION: _____

TIME: _____ ODOMETER: _____ GAS: _____

#PASSENGERS: _____

DROP OFF LOCATION: _____

TIME: _____ ODOMETER: _____ GAS: _____

PAY: _____ TIPS: _____

NOTES: _____

DATE: ___/___/_____

PICK UP LOCATION: _____

TIME: _____ ODOMETER: _____ GAS: _____

#PASSENGERS: _____

DROP OFF LOCATION: _____

TIME: _____ ODOMETER: _____ GAS: _____

PAY: _____ TIPS: _____

NOTES: _____

DATE: ___/___/_____

PICK UP LOCATION: _____

TIME: _____ ODOMETER: _____ GAS: _____

#PASSENGERS: _____

DROP OFF LOCATION: _____

TIME: _____ ODOMETER: _____ GAS: _____

PAY: _____ TIPS: _____

NOTES: _____

DATE: ___/___/_____

PICK UP LOCATION: _____

TIME: _____ ODOMETER: _____ GAS: _____

#PASSENGERS: _____

DROP OFF LOCATION: _____

TIME: _____ ODOMETER: _____ GAS: _____

PAY: _____ TIPS: _____

NOTES: _____

DATE: ___/___/_____

PICK UP LOCATION: _____

TIME: _____ ODOMETER: _____ GAS: _____

#PASSENGERS: _____

DROP OFF LOCATION: _____

TIME: _____ ODOMETER: _____ GAS: _____

PAY: _____ TIPS: _____

NOTES: _____

DATE: ___/___/_____

PICK UP LOCATION: _____

TIME: _____ ODOMETER: _____ GAS: _____

#PASSENGERS: _____

DROP OFF LOCATION: _____

TIME: _____ ODOMETER: _____ GAS: _____

PAY: _____ TIPS: _____

NOTES: _____

DATE: ___/___/_____

PICK UP LOCATION: _____

TIME: _____ ODOMETER: _____ GAS: _____

#PASSENGERS: _____

DROP OFF LOCATION: _____

TIME: _____ ODOMETER: _____ GAS: _____

PAY: _____ TIPS: _____

NOTES: _____

DATE: ___/___/_____

PICK UP LOCATION: _____

TIME: _____ ODOMETER: _____ GAS: _____

#PASSENGERS: _____

DROP OFF LOCATION: _____

TIME: _____ ODOMETER: _____ GAS: _____

PAY: _____ TIPS: _____

NOTES: _____

DATE: ___/___/_____

PICK UP LOCATION: _____

TIME: _____ ODOMETER: _____ GAS: _____

#PASSENGERS: _____

DROP OFF LOCATION: _____

TIME: _____ ODOMETER: _____ GAS: _____

PAY: _____ TIPS: _____

NOTES: _____

DATE: ___/___/_____

PICK UP LOCATION: _____

TIME: _____ ODOMETER: _____ GAS: _____

#PASSENGERS: _____

DROP OFF LOCATION: _____

TIME: _____ ODOMETER: _____ GAS: _____

PAY: _____ TIPS: _____

NOTES: _____

DATE: ___/___/_____

PICK UP LOCATION: _____

TIME: _____ ODOMETER: _____ GAS: _____

#PASSENGERS: _____

DROP OFF LOCATION: _____

TIME: _____ ODOMETER: _____ GAS: _____

PAY: _____ TIPS: _____

NOTES: _____

DATE: ___/___/_____

PICK UP LOCATION: _____

TIME: _____ ODOMETER: _____ GAS: _____

#PASSENGERS: _____

DROP OFF LOCATION: _____

TIME: _____ ODOMETER: _____ GAS: _____

PAY: _____ TIPS: _____

NOTES: _____

DATE: ___/___/_____

PICK UP LOCATION: _____

TIME: _____ ODOMETER: _____ GAS: _____

#PASSENGERS: _____

DROP OFF LOCATION: _____

TIME: _____ ODOMETER: _____ GAS: _____

PAY: _____ TIPS: _____

NOTES: _____

DATE: ___/___/_____

PICK UP LOCATION: _____

TIME: _____ ODOMETER: _____ GAS: _____

#PASSENGERS: _____

DROP OFF LOCATION: _____

TIME: _____ ODOMETER: _____ GAS: _____

PAY: _____ TIPS: _____

NOTES: _____

DATE: ___/___/_____

PICK UP LOCATION: _____

TIME: _____ ODOMETER: _____ GAS: _____

#PASSENGERS: _____

DROP OFF LOCATION: _____

TIME: _____ ODOMETER: _____ GAS: _____

PAY: _____ TIPS: _____

NOTES: _____

DATE: ___/___/_____

PICK UP LOCATION: _____

TIME: _____ ODOMETER: _____ GAS: _____

#PASSENGERS: _____

DROP OFF LOCATION: _____

TIME: _____ ODOMETER: _____ GAS: _____

PAY: _____ TIPS: _____

NOTES: _____

DATE: ___/___/_____

PICK UP LOCATION: _____

TIME: _____ ODOMETER: _____ GAS: _____

#PASSENGERS: _____

DROP OFF LOCATION: _____

TIME: _____ ODOMETER: _____ GAS: _____

PAY: _____ TIPS: _____

NOTES: _____

DATE: ___/___/_____

PICK UP LOCATION: _____

TIME: _____ ODOMETER: _____ GAS: _____

#PASSENGERS: _____

DROP OFF LOCATION: _____

TIME: _____ ODOMETER: _____ GAS: _____

PAY: _____ TIPS: _____

NOTES: _____

DATE: ___/___/_____

PICK UP LOCATION: _____

TIME: _____ ODOMETER: _____ GAS: _____

#PASSENGERS: _____

DROP OFF LOCATION: _____

TIME: _____ ODOMETER: _____ GAS: _____

PAY: _____ TIPS: _____

NOTES: _____

DATE: ___/___/_____

PICK UP LOCATION:_____

TIME:_____ ODOMETER:_____ GAS:_____

#PASSENGERS:_____

DROP OFF LOCATION:_____

TIME:_____ ODOMETER:_____ GAS:_____

PAY:_____ TIPS:_____

NOTES:_____

DATE: ___/___/_____

PICK UP LOCATION:_____

TIME:_____ ODOMETER:_____ GAS:_____

#PASSENGERS:_____

DROP OFF LOCATION:_____

TIME:_____ ODOMETER:_____ GAS:_____

PAY:_____ TIPS:_____

NOTES:_____

DATE: ___/___/_____

PICK UP LOCATION:_____

TIME:_____ ODOMETER:_____ GAS:_____

#PASSENGERS:_____

DROP OFF LOCATION:_____

TIME:_____ ODOMETER:_____ GAS:_____

PAY:_____ TIPS:_____

NOTES:_____

DATE: ___/___/_____

PICK UP LOCATION: _____

TIME: _____ ODOMETER: _____ GAS: _____

#PASSENGERS: _____

DROP OFF LOCATION: _____

TIME: _____ ODOMETER: _____ GAS: _____

PAY: _____ TIPS: _____

NOTES: _____

DATE: ___/___/_____

PICK UP LOCATION: _____

TIME: _____ ODOMETER: _____ GAS: _____

#PASSENGERS: _____

DROP OFF LOCATION: _____

TIME: _____ ODOMETER: _____ GAS: _____

PAY: _____ TIPS: _____

NOTES: _____

DATE: ___/___/_____

PICK UP LOCATION: _____

TIME: _____ ODOMETER: _____ GAS: _____

#PASSENGERS: _____

DROP OFF LOCATION: _____

TIME: _____ ODOMETER: _____ GAS: _____

PAY: _____ TIPS: _____

NOTES: _____

DATE: ___/___/_____

PICK UP LOCATION:_____

TIME:_____ ODOMETER:_____ GAS:_____

#PASSENGERS:_____

DROP OFF LOCATION:_____

TIME:_____ ODOMETER:_____ GAS:_____

PAY:_____ TIPS:_____

NOTES:_____

DATE: ___/___/_____

PICK UP LOCATION:_____

TIME:_____ ODOMETER:_____ GAS:_____

#PASSENGERS:_____

DROP OFF LOCATION:_____

TIME:_____ ODOMETER:_____ GAS:_____

PAY:_____ TIPS:_____

NOTES:_____

DATE: ___/___/_____

PICK UP LOCATION:_____

TIME:_____ ODOMETER:_____ GAS:_____

#PASSENGERS:_____

DROP OFF LOCATION:_____

TIME:_____ ODOMETER:_____ GAS:_____

PAY:_____ TIPS:_____

NOTES:_____

DATE: ___/___/_____

PICK UP LOCATION: _____

TIME: _____ ODOMETER: _____ GAS: _____

#PASSENGERS: _____

DROP OFF LOCATION: _____

TIME: _____ ODOMETER: _____ GAS: _____

PAY: _____ TIPS: _____

NOTES: _____

DATE: ___/___/_____

PICK UP LOCATION: _____

TIME: _____ ODOMETER: _____ GAS: _____

#PASSENGERS: _____

DROP OFF LOCATION: _____

TIME: _____ ODOMETER: _____ GAS: _____

PAY: _____ TIPS: _____

NOTES: _____

DATE: ___/___/_____

PICK UP LOCATION: _____

TIME: _____ ODOMETER: _____ GAS: _____

#PASSENGERS: _____

DROP OFF LOCATION: _____

TIME: _____ ODOMETER: _____ GAS: _____

PAY: _____ TIPS: _____

NOTES: _____

DATE: ___/___/_____

PICK UP LOCATION: _____

TIME: _____ ODOMETER: _____ GAS: _____

#PASSENGERS: _____

DROP OFF LOCATION: _____

TIME: _____ ODOMETER: _____ GAS: _____

PAY: _____ TIPS: _____

NOTES: _____

DATE: ___/___/_____

PICK UP LOCATION: _____

TIME: _____ ODOMETER: _____ GAS: _____

#PASSENGERS: _____

DROP OFF LOCATION: _____

TIME: _____ ODOMETER: _____ GAS: _____

PAY: _____ TIPS: _____

NOTES: _____

DATE: ___/___/_____

PICK UP LOCATION: _____

TIME: _____ ODOMETER: _____ GAS: _____

#PASSENGERS: _____

DROP OFF LOCATION: _____

TIME: _____ ODOMETER: _____ GAS: _____

PAY: _____ TIPS: _____

NOTES: _____

DATE: ___/___/_____

PICK UP LOCATION: _____

TIME: _____ ODOMETER: _____ GAS: _____

#PASSENGERS: _____

DROP OFF LOCATION: _____

TIME: _____ ODOMETER: _____ GAS: _____

PAY: _____ TIPS: _____

NOTES: _____

DATE: ___/___/_____

PICK UP LOCATION: _____

TIME: _____ ODOMETER: _____ GAS: _____

#PASSENGERS: _____

DROP OFF LOCATION: _____

TIME: _____ ODOMETER: _____ GAS: _____

PAY: _____ TIPS: _____

NOTES: _____

DATE: ___/___/_____

PICK UP LOCATION: _____

TIME: _____ ODOMETER: _____ GAS: _____

#PASSENGERS: _____

DROP OFF LOCATION: _____

TIME: _____ ODOMETER: _____ GAS: _____

PAY: _____ TIPS: _____

NOTES: _____

DATE: ___/___/_____

PICK UP LOCATION: _____

TIME: _____ ODOMETER: _____ GAS: _____

#PASSENGERS: _____

DROP OFF LOCATION: _____

TIME: _____ ODOMETER: _____ GAS: _____

PAY: _____ TIPS: _____

NOTES: _____

DATE: ___/___/_____

PICK UP LOCATION: _____

TIME: _____ ODOMETER: _____ GAS: _____

#PASSENGERS: _____

DROP OFF LOCATION: _____

TIME: _____ ODOMETER: _____ GAS: _____

PAY: _____ TIPS: _____

NOTES: _____

DATE: ___/___/_____

PICK UP LOCATION: _____

TIME: _____ ODOMETER: _____ GAS: _____

#PASSENGERS: _____

DROP OFF LOCATION: _____

TIME: _____ ODOMETER: _____ GAS: _____

PAY: _____ TIPS: _____

NOTES: _____

DATE: ___/___/_____

PICK UP LOCATION: _____

TIME: _____ ODOMETER: _____ GAS: _____

#PASSENGERS: _____

DROP OFF LOCATION: _____

TIME: _____ ODOMETER: _____ GAS: _____

PAY: _____ TIPS: _____

NOTES: _____

DATE: ___/___/_____

PICK UP LOCATION: _____

TIME: _____ ODOMETER: _____ GAS: _____

#PASSENGERS: _____

DROP OFF LOCATION: _____

TIME: _____ ODOMETER: _____ GAS: _____

PAY: _____ TIPS: _____

NOTES: _____

DATE: ___/___/_____

PICK UP LOCATION: _____

TIME: _____ ODOMETER: _____ GAS: _____

#PASSENGERS: _____

DROP OFF LOCATION: _____

TIME: _____ ODOMETER: _____ GAS: _____

PAY: _____ TIPS: _____

NOTES: _____

DATE: ___/___/_____

PICK UP LOCATION: _____

TIME: _____ ODOMETER: _____ GAS: _____

#PASSENGERS: _____

DROP OFF LOCATION: _____

TIME: _____ ODOMETER: _____ GAS: _____

PAY: _____ TIPS: _____

NOTES: _____

DATE: ___/___/_____

PICK UP LOCATION: _____

TIME: _____ ODOMETER: _____ GAS: _____

#PASSENGERS: _____

DROP OFF LOCATION: _____

TIME: _____ ODOMETER: _____ GAS: _____

PAY: _____ TIPS: _____

NOTES: _____

DATE: ___/___/_____

PICK UP LOCATION: _____

TIME: _____ ODOMETER: _____ GAS: _____

#PASSENGERS: _____

DROP OFF LOCATION: _____

TIME: _____ ODOMETER: _____ GAS: _____

PAY: _____ TIPS: _____

NOTES: _____

DATE: ___/___/_____

PICK UP LOCATION: _____

TIME: _____ ODOMETER: _____ GAS: _____

#PASSENGERS: _____

DROP OFF LOCATION: _____

TIME: _____ ODOMETER: _____ GAS: _____

PAY: _____ TIPS: _____

NOTES: _____

DATE: ___/___/_____

PICK UP LOCATION: _____

TIME: _____ ODOMETER: _____ GAS: _____

#PASSENGERS: _____

DROP OFF LOCATION: _____

TIME: _____ ODOMETER: _____ GAS: _____

PAY: _____ TIPS: _____

NOTES: _____

DATE: ___/___/_____

PICK UP LOCATION: _____

TIME: _____ ODOMETER: _____ GAS: _____

#PASSENGERS: _____

DROP OFF LOCATION: _____

TIME: _____ ODOMETER: _____ GAS: _____

PAY: _____ TIPS: _____

NOTES: _____

DATE: ___/___/_____

PICK UP LOCATION: _____

TIME: _____ ODOMETER: _____ GAS: _____

#PASSENGERS: _____

DROP OFF LOCATION: _____

TIME: _____ ODOMETER: _____ GAS: _____

PAY: _____ TIPS: _____

NOTES: _____

DATE: ___/___/_____

PICK UP LOCATION: _____

TIME: _____ ODOMETER: _____ GAS: _____

#PASSENGERS: _____

DROP OFF LOCATION: _____

TIME: _____ ODOMETER: _____ GAS: _____

PAY: _____ TIPS: _____

NOTES: _____

DATE: ___/___/_____

PICK UP LOCATION: _____

TIME: _____ ODOMETER: _____ GAS: _____

#PASSENGERS: _____

DROP OFF LOCATION: _____

TIME: _____ ODOMETER: _____ GAS: _____

PAY: _____ TIPS: _____

NOTES: _____

DATE: ___/___/_____

PICK UP LOCATION: _____

TIME: _____ ODOMETER: _____ GAS: _____

#PASSENGERS: _____

DROP OFF LOCATION: _____

TIME: _____ ODOMETER: _____ GAS: _____

PAY: _____ TIPS: _____

NOTES: _____

DATE: ___/___/_____

PICK UP LOCATION: _____

TIME: _____ ODOMETER: _____ GAS: _____

#PASSENGERS: _____

DROP OFF LOCATION: _____

TIME: _____ ODOMETER: _____ GAS: _____

PAY: _____ TIPS: _____

NOTES: _____

DATE: ___/___/_____

PICK UP LOCATION: _____

TIME: _____ ODOMETER: _____ GAS: _____

#PASSENGERS: _____

DROP OFF LOCATION: _____

TIME: _____ ODOMETER: _____ GAS: _____

PAY: _____ TIPS: _____

NOTES: _____

DATE: ___/___/_____

PICK UP LOCATION: _____

TIME: _____ ODOMETER: _____ GAS: _____

#PASSENGERS: _____

DROP OFF LOCATION: _____

TIME: _____ ODOMETER: _____ GAS: _____

PAY: _____ TIPS: _____

NOTES: _____

DATE: ___/___/_____

PICK UP LOCATION: _____

TIME: _____ ODOMETER: _____ GAS: _____

#PASSENGERS: _____

DROP OFF LOCATION: _____

TIME: _____ ODOMETER: _____ GAS: _____

PAY: _____ TIPS: _____

NOTES: _____

DATE: ___/___/_____

PICK UP LOCATION: _____

TIME: _____ ODOMETER: _____ GAS: _____

#PASSENGERS: _____

DROP OFF LOCATION: _____

TIME: _____ ODOMETER: _____ GAS: _____

PAY: _____ TIPS: _____

NOTES: _____

DATE: ___/___/_____

PICK UP LOCATION: _____

TIME: _____ ODOMETER: _____ GAS: _____

#PASSENGERS: _____

DROP OFF LOCATION: _____

TIME: _____ ODOMETER: _____ GAS: _____

PAY: _____ TIPS: _____

NOTES: _____

DATE: ___/___/_____

PICK UP LOCATION: _____

TIME: _____ ODOMETER: _____ GAS: _____

#PASSENGERS: _____

DROP OFF LOCATION: _____

TIME: _____ ODOMETER: _____ GAS: _____

PAY: _____ TIPS: _____

NOTES: _____

DATE: ___/___/_____

PICK UP LOCATION: _____

TIME: _____ ODOMETER: _____ GAS: _____

#PASSENGERS: _____

DROP OFF LOCATION: _____

TIME: _____ ODOMETER: _____ GAS: _____

PAY: _____ TIPS: _____

NOTES: _____

DATE: ___/___/_____

PICK UP LOCATION:_____

TIME:_____ ODOMETER:_____ GAS:_____

#PASSENGERS:_____

DROP OFF LOCATION:_____

TIME:_____ ODOMETER:_____ GAS:_____

PAY:_____ TIPS:_____

NOTES:_____

DATE: ___/___/_____

PICK UP LOCATION:_____

TIME:_____ ODOMETER:_____ GAS:_____

#PASSENGERS:_____

DROP OFF LOCATION:_____

TIME:_____ ODOMETER:_____ GAS:_____

PAY:_____ TIPS:_____

NOTES:_____

DATE: ___/___/_____

PICK UP LOCATION:_____

TIME:_____ ODOMETER:_____ GAS:_____

#PASSENGERS:_____

DROP OFF LOCATION:_____

TIME:_____ ODOMETER:_____ GAS:_____

PAY:_____ TIPS:_____

NOTES:_____

DATE: ___/___/_____

PICK UP LOCATION: _____

TIME: _____ ODOMETER: _____ GAS: _____

#PASSENGERS: _____

DROP OFF LOCATION: _____

TIME: _____ ODOMETER: _____ GAS: _____

PAY: _____ TIPS: _____

NOTES: _____

DATE: ___/___/_____

PICK UP LOCATION: _____

TIME: _____ ODOMETER: _____ GAS: _____

#PASSENGERS: _____

DROP OFF LOCATION: _____

TIME: _____ ODOMETER: _____ GAS: _____

PAY: _____ TIPS: _____

NOTES: _____

DATE: ___/___/_____

PICK UP LOCATION: _____

TIME: _____ ODOMETER: _____ GAS: _____

#PASSENGERS: _____

DROP OFF LOCATION: _____

TIME: _____ ODOMETER: _____ GAS: _____

PAY: _____ TIPS: _____

NOTES: _____

DATE: ___/___/_____

PICK UP LOCATION:_____

TIME: _____ ODOMETER: _____ GAS:_____

#PASSENGERS:_____

DROP OFF LOCATION:_____

TIME: _____ ODOMETER: _____ GAS:_____

PAY: _____ TIPS: _____

NOTES: _____

DATE: ___/___/_____

PICK UP LOCATION:_____

TIME: _____ ODOMETER: _____ GAS:_____

#PASSENGERS:_____

DROP OFF LOCATION:_____

TIME: _____ ODOMETER: _____ GAS:_____

PAY: _____ TIPS: _____

NOTES: _____

DATE: ___/___/_____

PICK UP LOCATION:_____

TIME: _____ ODOMETER: _____ GAS:_____

#PASSENGERS:_____

DROP OFF LOCATION:_____

TIME: _____ ODOMETER: _____ GAS:_____

PAY: _____ TIPS: _____

NOTES: _____

DATE: ___/___/_____

PICK UP LOCATION: _____

TIME: _____ ODOMETER: _____ GAS: _____

#PASSENGERS: _____

DROP OFF LOCATION: _____

TIME: _____ ODOMETER: _____ GAS: _____

PAY: _____ TIPS: _____

NOTES: _____

DATE: ___/___/_____

PICK UP LOCATION: _____

TIME: _____ ODOMETER: _____ GAS: _____

#PASSENGERS: _____

DROP OFF LOCATION: _____

TIME: _____ ODOMETER: _____ GAS: _____

PAY: _____ TIPS: _____

NOTES: _____

DATE: ___/___/_____

PICK UP LOCATION: _____

TIME: _____ ODOMETER: _____ GAS: _____

#PASSENGERS: _____

DROP OFF LOCATION: _____

TIME: _____ ODOMETER: _____ GAS: _____

PAY: _____ TIPS: _____

NOTES: _____

DATE: ___/___/_____

PICK UP LOCATION:_____

TIME:_____ ODOMETER:_____ GAS:_____

#PASSENGERS:_____

DROP OFF LOCATION:_____

TIME:_____ ODOMETER:_____ GAS:_____

PAY:_____ TIPS:_____

NOTES:_____

DATE: ___/___/_____

PICK UP LOCATION:_____

TIME:_____ ODOMETER:_____ GAS:_____

#PASSENGERS:_____

DROP OFF LOCATION:_____

TIME:_____ ODOMETER:_____ GAS:_____

PAY:_____ TIPS:_____

NOTES:_____

DATE: ___/___/_____

PICK UP LOCATION:_____

TIME:_____ ODOMETER:_____ GAS:_____

#PASSENGERS:_____

DROP OFF LOCATION:_____

TIME:_____ ODOMETER:_____ GAS:_____

PAY:_____ TIPS:_____

NOTES:_____

DATE: ___/___/_____

PICK UP LOCATION: _____

TIME: _____ ODOMETER: _____ GAS: _____

#PASSENGERS: _____

DROP OFF LOCATION: _____

TIME: _____ ODOMETER: _____ GAS: _____

PAY: _____ TIPS: _____

NOTES: _____

DATE: ___/___/_____

PICK UP LOCATION: _____

TIME: _____ ODOMETER: _____ GAS: _____

#PASSENGERS: _____

DROP OFF LOCATION: _____

TIME: _____ ODOMETER: _____ GAS: _____

PAY: _____ TIPS: _____

NOTES: _____

DATE: ___/___/_____

PICK UP LOCATION: _____

TIME: _____ ODOMETER: _____ GAS: _____

#PASSENGERS: _____

DROP OFF LOCATION: _____

TIME: _____ ODOMETER: _____ GAS: _____

PAY: _____ TIPS: _____

NOTES: _____

DATE: ___/___/_____

PICK UP LOCATION:_____

TIME:_____ ODOMETER:_____ GAS:_____

#PASSENGERS:_____

DROP OFF LOCATION:_____

TIME:_____ ODOMETER:_____ GAS:_____

PAY:_____ TIPS:_____

NOTES:_____

DATE: ___/___/_____

PICK UP LOCATION:_____

TIME:_____ ODOMETER:_____ GAS:_____

#PASSENGERS:_____

DROP OFF LOCATION:_____

TIME:_____ ODOMETER:_____ GAS:_____

PAY:_____ TIPS:_____

NOTES:_____

DATE: ___/___/_____

PICK UP LOCATION:_____

TIME:_____ ODOMETER:_____ GAS:_____

#PASSENGERS:_____

DROP OFF LOCATION:_____

TIME:_____ ODOMETER:_____ GAS:_____

PAY:_____ TIPS:_____

NOTES:_____

DATE: ___/___/_____

PICK UP LOCATION: _____

TIME: _____ ODOMETER: _____ GAS: _____

#PASSENGERS: _____

DROP OFF LOCATION: _____

TIME: _____ ODOMETER: _____ GAS: _____

PAY: _____ TIPS: _____

NOTES: _____

DATE: ___/___/_____

PICK UP LOCATION: _____

TIME: _____ ODOMETER: _____ GAS: _____

#PASSENGERS: _____

DROP OFF LOCATION: _____

TIME: _____ ODOMETER: _____ GAS: _____

PAY: _____ TIPS: _____

NOTES: _____

DATE: ___/___/_____

PICK UP LOCATION: _____

TIME: _____ ODOMETER: _____ GAS: _____

#PASSENGERS: _____

DROP OFF LOCATION: _____

TIME: _____ ODOMETER: _____ GAS: _____

PAY: _____ TIPS: _____

NOTES: _____

DATE: ___/___/_____

PICK UP LOCATION:_____

TIME:_____ ODOMETER:_____ GAS:_____

#PASSENGERS:_____

DROP OFF LOCATION:_____

TIME:_____ ODOMETER:_____ GAS:_____

PAY:_____ TIPS:_____

NOTES:_____

DATE: ___/___/_____

PICK UP LOCATION:_____

TIME:_____ ODOMETER:_____ GAS:_____

#PASSENGERS:_____

DROP OFF LOCATION:_____

TIME:_____ ODOMETER:_____ GAS:_____

PAY:_____ TIPS:_____

NOTES:_____

DATE: ___/___/_____

PICK UP LOCATION:_____

TIME:_____ ODOMETER:_____ GAS:_____

#PASSENGERS:_____

DROP OFF LOCATION:_____

TIME:_____ ODOMETER:_____ GAS:_____

PAY:_____ TIPS:_____

NOTES:_____

DATE: ___/___/_____

PICK UP LOCATION: _____

TIME: _____ ODOMETER: _____ GAS: _____

#PASSENGERS: _____

DROP OFF LOCATION: _____

TIME: _____ ODOMETER: _____ GAS: _____

PAY: _____ TIPS: _____

NOTES: _____

DATE: ___/___/_____

PICK UP LOCATION: _____

TIME: _____ ODOMETER: _____ GAS: _____

#PASSENGERS: _____

DROP OFF LOCATION: _____

TIME: _____ ODOMETER: _____ GAS: _____

PAY: _____ TIPS: _____

NOTES: _____

DATE: ___/___/_____

PICK UP LOCATION: _____

TIME: _____ ODOMETER: _____ GAS: _____

#PASSENGERS: _____

DROP OFF LOCATION: _____

TIME: _____ ODOMETER: _____ GAS: _____

PAY: _____ TIPS: _____

NOTES: _____

DATE: ___/___/_____

PICK UP LOCATION: _____

TIME: _____ ODOMETER: _____ GAS: _____

#PASSENGERS: _____

DROP OFF LOCATION: _____

TIME: _____ ODOMETER: _____ GAS: _____

PAY: _____ TIPS: _____

NOTES: _____

DATE: ___/___/_____

PICK UP LOCATION: _____

TIME: _____ ODOMETER: _____ GAS: _____

#PASSENGERS: _____

DROP OFF LOCATION: _____

TIME: _____ ODOMETER: _____ GAS: _____

PAY: _____ TIPS: _____

NOTES: _____

DATE: ___/___/_____

PICK UP LOCATION: _____

TIME: _____ ODOMETER: _____ GAS: _____

#PASSENGERS: _____

DROP OFF LOCATION: _____

TIME: _____ ODOMETER: _____ GAS: _____

PAY: _____ TIPS: _____

NOTES: _____

DATE: ___/___/_____

PICK UP LOCATION: _____

TIME: _____ ODOMETER: _____ GAS: _____

#PASSENGERS: _____

DROP OFF LOCATION: _____

TIME: _____ ODOMETER: _____ GAS: _____

PAY: _____ TIPS: _____

NOTES: _____

DATE: ___/___/_____

PICK UP LOCATION: _____

TIME: _____ ODOMETER: _____ GAS: _____

#PASSENGERS: _____

DROP OFF LOCATION: _____

TIME: _____ ODOMETER: _____ GAS: _____

PAY: _____ TIPS: _____

NOTES: _____

DATE: ___/___/_____

PICK UP LOCATION: _____

TIME: _____ ODOMETER: _____ GAS: _____

#PASSENGERS: _____

DROP OFF LOCATION: _____

TIME: _____ ODOMETER: _____ GAS: _____

PAY: _____ TIPS: _____

NOTES: _____

DATE: ___/___/_____

PICK UP LOCATION: _____

TIME: _____ ODOMETER: _____ GAS: _____

#PASSENGERS: _____

DROP OFF LOCATION: _____

TIME: _____ ODOMETER: _____ GAS: _____

PAY: _____ TIPS: _____

NOTES: _____

DATE: ___/___/_____

PICK UP LOCATION: _____

TIME: _____ ODOMETER: _____ GAS: _____

#PASSENGERS: _____

DROP OFF LOCATION: _____

TIME: _____ ODOMETER: _____ GAS: _____

PAY: _____ TIPS: _____

NOTES: _____

DATE: ___/___/_____

PICK UP LOCATION: _____

TIME: _____ ODOMETER: _____ GAS: _____

#PASSENGERS: _____

DROP OFF LOCATION: _____

TIME: _____ ODOMETER: _____ GAS: _____

PAY: _____ TIPS: _____

NOTES: _____

DATE: ___/___/_____

PICK UP LOCATION: _____

TIME: _____ ODOMETER: _____ GAS: _____

#PASSENGERS: _____

DROP OFF LOCATION: _____

TIME: _____ ODOMETER: _____ GAS: _____

PAY: _____ TIPS: _____

NOTES: _____

DATE: ___/___/_____

PICK UP LOCATION: _____

TIME: _____ ODOMETER: _____ GAS: _____

#PASSENGERS: _____

DROP OFF LOCATION: _____

TIME: _____ ODOMETER: _____ GAS: _____

PAY: _____ TIPS: _____

NOTES: _____

DATE: ___/___/_____

PICK UP LOCATION: _____

TIME: _____ ODOMETER: _____ GAS: _____

#PASSENGERS: _____

DROP OFF LOCATION: _____

TIME: _____ ODOMETER: _____ GAS: _____

PAY: _____ TIPS: _____

NOTES: _____

DATE: ___/___/_____

PICK UP LOCATION: _____

TIME: _____ ODOMETER: _____ GAS: _____

#PASSENGERS: _____

DROP OFF LOCATION: _____

TIME: _____ ODOMETER: _____ GAS: _____

PAY: _____ TIPS: _____

NOTES: _____

DATE: ___/___/_____

PICK UP LOCATION: _____

TIME: _____ ODOMETER: _____ GAS: _____

#PASSENGERS: _____

DROP OFF LOCATION: _____

TIME: _____ ODOMETER: _____ GAS: _____

PAY: _____ TIPS: _____

NOTES: _____

DATE: ___/___/_____

PICK UP LOCATION: _____

TIME: _____ ODOMETER: _____ GAS: _____

#PASSENGERS: _____

DROP OFF LOCATION: _____

TIME: _____ ODOMETER: _____ GAS: _____

PAY: _____ TIPS: _____

NOTES: _____

DATE: ___/___/_____

PICK UP LOCATION: _____

TIME: _____ ODOMETER: _____ GAS: _____

#PASSENGERS: _____

DROP OFF LOCATION: _____

TIME: _____ ODOMETER: _____ GAS: _____

PAY: _____ TIPS: _____

NOTES: _____

DATE: ___/___/_____

PICK UP LOCATION: _____

TIME: _____ ODOMETER: _____ GAS: _____

#PASSENGERS: _____

DROP OFF LOCATION: _____

TIME: _____ ODOMETER: _____ GAS: _____

PAY: _____ TIPS: _____

NOTES: _____

DATE: ___/___/_____

PICK UP LOCATION: _____

TIME: _____ ODOMETER: _____ GAS: _____

#PASSENGERS: _____

DROP OFF LOCATION: _____

TIME: _____ ODOMETER: _____ GAS: _____

PAY: _____ TIPS: _____

NOTES: _____

DATE: ___/___/_____

PICK UP LOCATION: _____

TIME: _____ ODOMETER: _____ GAS: _____

#PASSENGERS: _____

DROP OFF LOCATION: _____

TIME: _____ ODOMETER: _____ GAS: _____

PAY: _____ TIPS: _____

NOTES: _____

DATE: ___/___/_____

PICK UP LOCATION: _____

TIME: _____ ODOMETER: _____ GAS: _____

#PASSENGERS: _____

DROP OFF LOCATION: _____

TIME: _____ ODOMETER: _____ GAS: _____

PAY: _____ TIPS: _____

NOTES: _____

DATE: ___/___/_____

PICK UP LOCATION: _____

TIME: _____ ODOMETER: _____ GAS: _____

#PASSENGERS: _____

DROP OFF LOCATION: _____

TIME: _____ ODOMETER: _____ GAS: _____

PAY: _____ TIPS: _____

NOTES: _____

DATE: ___/___/_____

PICK UP LOCATION: _____

TIME: _____ ODOMETER: _____ GAS: _____

#PASSENGERS: _____

DROP OFF LOCATION: _____

TIME: _____ ODOMETER: _____ GAS: _____

PAY: _____ TIPS: _____

NOTES: _____

DATE: ___/___/_____

PICK UP LOCATION: _____

TIME: _____ ODOMETER: _____ GAS: _____

#PASSENGERS: _____

DROP OFF LOCATION: _____

TIME: _____ ODOMETER: _____ GAS: _____

PAY: _____ TIPS: _____

NOTES: _____

DATE: ___/___/_____

PICK UP LOCATION: _____

TIME: _____ ODOMETER: _____ GAS: _____

#PASSENGERS: _____

DROP OFF LOCATION: _____

TIME: _____ ODOMETER: _____ GAS: _____

PAY: _____ TIPS: _____

NOTES: _____

DATE: ___/___/_____

PICK UP LOCATION: _____

TIME: _____ ODOMETER: _____ GAS: _____

#PASSENGERS: _____

DROP OFF LOCATION: _____

TIME: _____ ODOMETER: _____ GAS: _____

PAY: _____ TIPS: _____

NOTES: _____

DATE: ___/___/_____

PICK UP LOCATION: _____

TIME: _____ ODOMETER: _____ GAS: _____

#PASSENGERS: _____

DROP OFF LOCATION: _____

TIME: _____ ODOMETER: _____ GAS: _____

PAY: _____ TIPS: _____

NOTES: _____

DATE: ___/___/_____

PICK UP LOCATION: _____

TIME: _____ ODOMETER: _____ GAS: _____

#PASSENGERS: _____

DROP OFF LOCATION: _____

TIME: _____ ODOMETER: _____ GAS: _____

PAY: _____ TIPS: _____

NOTES: _____

DATE: ___/___/_____

PICK UP LOCATION: _____

TIME: _____ ODOMETER: _____ GAS: _____

#PASSENGERS: _____

DROP OFF LOCATION: _____

TIME: _____ ODOMETER: _____ GAS: _____

PAY: _____ TIPS: _____

NOTES: _____

DATE: ___/___/_____

PICK UP LOCATION: _____

TIME: _____ ODOMETER: _____ GAS: _____

#PASSENGERS: _____

DROP OFF LOCATION: _____

TIME: _____ ODOMETER: _____ GAS: _____

PAY: _____ TIPS: _____

NOTES: _____

DATE: ___/___/_____

PICK UP LOCATION: _____

TIME: _____ ODOMETER: _____ GAS: _____

#PASSENGERS: _____

DROP OFF LOCATION: _____

TIME: _____ ODOMETER: _____ GAS: _____

PAY: _____ TIPS: _____

NOTES: _____

DATE: ___/___/_____

PICK UP LOCATION: _____

TIME: _____ ODOMETER: _____ GAS: _____

#PASSENGERS: _____

DROP OFF LOCATION: _____

TIME: _____ ODOMETER: _____ GAS: _____

PAY: _____ TIPS: _____

NOTES: _____

DATE: ___/___/_____

PICK UP LOCATION: _____

TIME: _____ ODOMETER: _____ GAS: _____

#PASSENGERS: _____

DROP OFF LOCATION: _____

TIME: _____ ODOMETER: _____ GAS: _____

PAY: _____ TIPS: _____

NOTES: _____

DATE: ___/___/_____

PICK UP LOCATION: _____

TIME: _____ ODOMETER: _____ GAS: _____

#PASSENGERS: _____

DROP OFF LOCATION: _____

TIME: _____ ODOMETER: _____ GAS: _____

PAY: _____ TIPS: _____

NOTES: _____

DATE: ___/___/_____

PICK UP LOCATION: _____

TIME: _____ ODOMETER: _____ GAS: _____

#PASSENGERS: _____

DROP OFF LOCATION: _____

TIME: _____ ODOMETER: _____ GAS: _____

PAY: _____ TIPS: _____

NOTES: _____

DATE: ___/___/_____

PICK UP LOCATION: _____

TIME: _____ ODOMETER: _____ GAS: _____

#PASSENGERS: _____

DROP OFF LOCATION: _____

TIME: _____ ODOMETER: _____ GAS: _____

PAY: _____ TIPS: _____

NOTES: _____

DATE: ___/___/_____

PICK UP LOCATION: _____

TIME: _____ ODOMETER: _____ GAS: _____

#PASSENGERS: _____

DROP OFF LOCATION: _____

TIME: _____ ODOMETER: _____ GAS: _____

PAY: _____ TIPS: _____

NOTES: _____

DATE: ___/___/_____

PICK UP LOCATION: _____

TIME: _____ ODOMETER: _____ GAS: _____

#PASSENGERS: _____

DROP OFF LOCATION: _____

TIME: _____ ODOMETER: _____ GAS: _____

PAY: _____ TIPS: _____

NOTES: _____

DATE: ___/___/_____

PICK UP LOCATION: _____

TIME: _____ ODOMETER: _____ GAS: _____

#PASSENGERS: _____

DROP OFF LOCATION: _____

TIME: _____ ODOMETER: _____ GAS: _____

PAY: _____ TIPS: _____

NOTES: _____

DATE: ___/___/_____

PICK UP LOCATION: _____

TIME: _____ ODOMETER: _____ GAS: _____

#PASSENGERS: _____

DROP OFF LOCATION: _____

TIME: _____ ODOMETER: _____ GAS: _____

PAY: _____ TIPS: _____

NOTES: _____

DATE: ___/___/_____

PICK UP LOCATION: _____

TIME: _____ ODOMETER: _____ GAS: _____

#PASSENGERS: _____

DROP OFF LOCATION: _____

TIME: _____ ODOMETER: _____ GAS: _____

PAY: _____ TIPS: _____

NOTES: _____

DATE: ___/___/_____

PICK UP LOCATION: _____

TIME: _____ ODOMETER: _____ GAS: _____

#PASSENGERS: _____

DROP OFF LOCATION: _____

TIME: _____ ODOMETER: _____ GAS: _____

PAY: _____ TIPS: _____

NOTES: _____

DATE: ___/___/_____

PICK UP LOCATION: _____

TIME: _____ ODOMETER: _____ GAS: _____

#PASSENGERS: _____

DROP OFF LOCATION: _____

TIME: _____ ODOMETER: _____ GAS: _____

PAY: _____ TIPS: _____

NOTES: _____

DATE: ___/___/_____

PICK UP LOCATION: _____

TIME: _____ ODOMETER: _____ GAS: _____

#PASSENGERS: _____

DROP OFF LOCATION: _____

TIME: _____ ODOMETER: _____ GAS: _____

PAY: _____ TIPS: _____

NOTES: _____

DATE: ___/___/_____

PICK UP LOCATION: _____

TIME: _____ ODOMETER: _____ GAS: _____

#PASSENGERS: _____

DROP OFF LOCATION: _____

TIME: _____ ODOMETER: _____ GAS: _____

PAY: _____ TIPS: _____

NOTES: _____

DATE: ___/___/_____

PICK UP LOCATION: _____

TIME: _____ ODOMETER: _____ GAS: _____

#PASSENGERS: _____

DROP OFF LOCATION: _____

TIME: _____ ODOMETER: _____ GAS: _____

PAY: _____ TIPS: _____

NOTES: _____

DATE: ___/___/_____

PICK UP LOCATION:_____

TIME:_____ ODOMETER:_____ GAS:_____

#PASSENGERS:_____

DROP OFF LOCATION:_____

TIME:_____ ODOMETER:_____ GAS:_____

PAY:_____ TIPS:_____

NOTES:_____

DATE: ___/___/_____

PICK UP LOCATION:_____

TIME:_____ ODOMETER:_____ GAS:_____

#PASSENGERS:_____

DROP OFF LOCATION:_____

TIME:_____ ODOMETER:_____ GAS:_____

PAY:_____ TIPS:_____

NOTES:_____

DATE: ___/___/_____

PICK UP LOCATION:_____

TIME:_____ ODOMETER:_____ GAS:_____

#PASSENGERS:_____

DROP OFF LOCATION:_____

TIME:_____ ODOMETER:_____ GAS:_____

PAY:_____ TIPS:_____

NOTES:_____

DATE: ___/___/_____

PICK UP LOCATION:_____

TIME:_____ ODOMETER:_____ GAS:_____

#PASSENGERS:_____

DROP OFF LOCATION:_____

TIME:_____ ODOMETER:_____ GAS:_____

PAY:_____ TIPS:_____

NOTES:_____

DATE: ___/___/_____

PICK UP LOCATION:_____

TIME:_____ ODOMETER:_____ GAS:_____

#PASSENGERS:_____

DROP OFF LOCATION:_____

TIME:_____ ODOMETER:_____ GAS:_____

PAY:_____ TIPS:_____

NOTES:_____

DATE: ___/___/_____

PICK UP LOCATION:_____

TIME:_____ ODOMETER:_____ GAS:_____

#PASSENGERS:_____

DROP OFF LOCATION:_____

TIME:_____ ODOMETER:_____ GAS:_____

PAY:_____ TIPS:_____

NOTES:_____

DATE: ___/___/_____

PICK UP LOCATION: _____

TIME: _____ ODOMETER: _____ GAS: _____

#PASSENGERS: _____

DROP OFF LOCATION: _____

TIME: _____ ODOMETER: _____ GAS: _____

PAY: _____ TIPS: _____

NOTES: _____

DATE: ___/___/_____

PICK UP LOCATION: _____

TIME: _____ ODOMETER: _____ GAS: _____

#PASSENGERS: _____

DROP OFF LOCATION: _____

TIME: _____ ODOMETER: _____ GAS: _____

PAY: _____ TIPS: _____

NOTES: _____

DATE: ___/___/_____

PICK UP LOCATION: _____

TIME: _____ ODOMETER: _____ GAS: _____

#PASSENGERS: _____

DROP OFF LOCATION: _____

TIME: _____ ODOMETER: _____ GAS: _____

PAY: _____ TIPS: _____

NOTES: _____

DATE: ___/___/_____

PICK UP LOCATION: _____

TIME: _____ ODOMETER: _____ GAS: _____

#PASSENGERS: _____

DROP OFF LOCATION: _____

TIME: _____ ODOMETER: _____ GAS: _____

PAY: _____ TIPS: _____

NOTES: _____

DATE: ___/___/_____

PICK UP LOCATION: _____

TIME: _____ ODOMETER: _____ GAS: _____

#PASSENGERS: _____

DROP OFF LOCATION: _____

TIME: _____ ODOMETER: _____ GAS: _____

PAY: _____ TIPS: _____

NOTES: _____

DATE: ___/___/_____

PICK UP LOCATION: _____

TIME: _____ ODOMETER: _____ GAS: _____

#PASSENGERS: _____

DROP OFF LOCATION: _____

TIME: _____ ODOMETER: _____ GAS: _____

PAY: _____ TIPS: _____

NOTES: _____

DATE: ___/___/_____

PICK UP LOCATION: _____

TIME: _____ ODOMETER: _____ GAS: _____

#PASSENGERS: _____

DROP OFF LOCATION: _____

TIME: _____ ODOMETER: _____ GAS: _____

PAY: _____ TIPS: _____

NOTES: _____

DATE: ___/___/_____

PICK UP LOCATION: _____

TIME: _____ ODOMETER: _____ GAS: _____

#PASSENGERS: _____

DROP OFF LOCATION: _____

TIME: _____ ODOMETER: _____ GAS: _____

PAY: _____ TIPS: _____

NOTES: _____

DATE: ___/___/_____

PICK UP LOCATION: _____

TIME: _____ ODOMETER: _____ GAS: _____

#PASSENGERS: _____

DROP OFF LOCATION: _____

TIME: _____ ODOMETER: _____ GAS: _____

PAY: _____ TIPS: _____

NOTES: _____

DATE: ___/___/_____

PICK UP LOCATION: _____

TIME: _____ ODOMETER: _____ GAS: _____

#PASSENGERS: _____

DROP OFF LOCATION: _____

TIME: _____ ODOMETER: _____ GAS: _____

PAY: _____ TIPS: _____

NOTES: _____

DATE: ___/___/_____

PICK UP LOCATION: _____

TIME: _____ ODOMETER: _____ GAS: _____

#PASSENGERS: _____

DROP OFF LOCATION: _____

TIME: _____ ODOMETER: _____ GAS: _____

PAY: _____ TIPS: _____

NOTES: _____

DATE: ___/___/_____

PICK UP LOCATION: _____

TIME: _____ ODOMETER: _____ GAS: _____

#PASSENGERS: _____

DROP OFF LOCATION: _____

TIME: _____ ODOMETER: _____ GAS: _____

PAY: _____ TIPS: _____

NOTES: _____

DATE: ___/___/_____

PICK UP LOCATION: _____

TIME: _____ ODOMETER: _____ GAS: _____

#PASSENGERS: _____

DROP OFF LOCATION: _____

TIME: _____ ODOMETER: _____ GAS: _____

PAY: _____ TIPS: _____

NOTES: _____

DATE: ___/___/_____

PICK UP LOCATION: _____

TIME: _____ ODOMETER: _____ GAS: _____

#PASSENGERS: _____

DROP OFF LOCATION: _____

TIME: _____ ODOMETER: _____ GAS: _____

PAY: _____ TIPS: _____

NOTES: _____

DATE: ___/___/_____

PICK UP LOCATION: _____

TIME: _____ ODOMETER: _____ GAS: _____

#PASSENGERS: _____

DROP OFF LOCATION: _____

TIME: _____ ODOMETER: _____ GAS: _____

PAY: _____ TIPS: _____

NOTES: _____

DATE: ___/___/_____

PICK UP LOCATION: _____

TIME: _____ ODOMETER: _____ GAS: _____

#PASSENGERS: _____

DROP OFF LOCATION: _____

TIME: _____ ODOMETER: _____ GAS: _____

PAY: _____ TIPS: _____

NOTES: _____

DATE: ___/___/_____

PICK UP LOCATION: _____

TIME: _____ ODOMETER: _____ GAS: _____

#PASSENGERS: _____

DROP OFF LOCATION: _____

TIME: _____ ODOMETER: _____ GAS: _____

PAY: _____ TIPS: _____

NOTES: _____

DATE: ___/___/_____

PICK UP LOCATION: _____

TIME: _____ ODOMETER: _____ GAS: _____

#PASSENGERS: _____

DROP OFF LOCATION: _____

TIME: _____ ODOMETER: _____ GAS: _____

PAY: _____ TIPS: _____

NOTES: _____

DATE: ___/___/_____

PICK UP LOCATION: _____

TIME: _____ ODOMETER: _____ GAS: _____

#PASSENGERS: _____

DROP OFF LOCATION: _____

TIME: _____ ODOMETER: _____ GAS: _____

PAY: _____ TIPS: _____

NOTES: _____

DATE: ___/___/_____

PICK UP LOCATION: _____

TIME: _____ ODOMETER: _____ GAS: _____

#PASSENGERS: _____

DROP OFF LOCATION: _____

TIME: _____ ODOMETER: _____ GAS: _____

PAY: _____ TIPS: _____

NOTES: _____

DATE: ___/___/_____

PICK UP LOCATION: _____

TIME: _____ ODOMETER: _____ GAS: _____

#PASSENGERS: _____

DROP OFF LOCATION: _____

TIME: _____ ODOMETER: _____ GAS: _____

PAY: _____ TIPS: _____

NOTES: _____

DATE: ___/___/_____

PICK UP LOCATION: _____

TIME: _____ ODOMETER: _____ GAS: _____

#PASSENGERS: _____

DROP OFF LOCATION: _____

TIME: _____ ODOMETER: _____ GAS: _____

PAY: _____ TIPS: _____

NOTES: _____

DATE: ___/___/_____

PICK UP LOCATION: _____

TIME: _____ ODOMETER: _____ GAS: _____

#PASSENGERS: _____

DROP OFF LOCATION: _____

TIME: _____ ODOMETER: _____ GAS: _____

PAY: _____ TIPS: _____

NOTES: _____

DATE: ___/___/_____

PICK UP LOCATION: _____

TIME: _____ ODOMETER: _____ GAS: _____

#PASSENGERS: _____

DROP OFF LOCATION: _____

TIME: _____ ODOMETER: _____ GAS: _____

PAY: _____ TIPS: _____

NOTES: _____

DATE: ___/___/_____

PICK UP LOCATION: _____

TIME: _____ ODOMETER: _____ GAS: _____

#PASSENGERS: _____

DROP OFF LOCATION: _____

TIME: _____ ODOMETER: _____ GAS: _____

PAY: _____ TIPS: _____

NOTES: _____

DATE: ___/___/_____

PICK UP LOCATION: _____

TIME: _____ ODOMETER: _____ GAS: _____

#PASSENGERS: _____

DROP OFF LOCATION: _____

TIME: _____ ODOMETER: _____ GAS: _____

PAY: _____ TIPS: _____

NOTES: _____

DATE: ___/___/_____

PICK UP LOCATION: _____

TIME: _____ ODOMETER: _____ GAS: _____

#PASSENGERS: _____

DROP OFF LOCATION: _____

TIME: _____ ODOMETER: _____ GAS: _____

PAY: _____ TIPS: _____

NOTES: _____

DATE: ___/___/_____

PICK UP LOCATION:_____

TIME:_____ ODOMETER:_____ GAS:_____

#PASSENGERS:_____

DROP OFF LOCATION:_____

TIME:_____ ODOMETER:_____ GAS:_____

PAY:_____ TIPS:_____

NOTES:_____

DATE: ___/___/_____

PICK UP LOCATION:_____

TIME:_____ ODOMETER:_____ GAS:_____

#PASSENGERS:_____

DROP OFF LOCATION:_____

TIME:_____ ODOMETER:_____ GAS:_____

PAY:_____ TIPS:_____

NOTES:_____

DATE: ___/___/_____

PICK UP LOCATION:_____

TIME:_____ ODOMETER:_____ GAS:_____

#PASSENGERS:_____

DROP OFF LOCATION:_____

TIME:_____ ODOMETER:_____ GAS:_____

PAY:_____ TIPS:_____

NOTES:_____

DATE: ___/___/_____

PICK UP LOCATION: _____

TIME: _____ ODOMETER: _____ GAS: _____

#PASSENGERS: _____

DROP OFF LOCATION: _____

TIME: _____ ODOMETER: _____ GAS: _____

PAY: _____ TIPS: _____

NOTES: _____

DATE: ___/___/_____

PICK UP LOCATION: _____

TIME: _____ ODOMETER: _____ GAS: _____

#PASSENGERS: _____

DROP OFF LOCATION: _____

TIME: _____ ODOMETER: _____ GAS: _____

PAY: _____ TIPS: _____

NOTES: _____

DATE: ___/___/_____

PICK UP LOCATION: _____

TIME: _____ ODOMETER: _____ GAS: _____

#PASSENGERS: _____

DROP OFF LOCATION: _____

TIME: _____ ODOMETER: _____ GAS: _____

PAY: _____ TIPS: _____

NOTES: _____

DATE: ___/___/_____

PICK UP LOCATION: _____

TIME: _____ ODOMETER: _____ GAS: _____

#PASSENGERS: _____

DROP OFF LOCATION: _____

TIME: _____ ODOMETER: _____ GAS: _____

PAY: _____ TIPS: _____

NOTES: _____

DATE: ___/___/_____

PICK UP LOCATION: _____

TIME: _____ ODOMETER: _____ GAS: _____

#PASSENGERS: _____

DROP OFF LOCATION: _____

TIME: _____ ODOMETER: _____ GAS: _____

PAY: _____ TIPS: _____

NOTES: _____

DATE: ___/___/_____

PICK UP LOCATION: _____

TIME: _____ ODOMETER: _____ GAS: _____

#PASSENGERS: _____

DROP OFF LOCATION: _____

TIME: _____ ODOMETER: _____ GAS: _____

PAY: _____ TIPS: _____

NOTES: _____

DATE: ___/___/_____

PICK UP LOCATION: _____

TIME: _____ ODOMETER: _____ GAS: _____

#PASSENGERS: _____

DROP OFF LOCATION: _____

TIME: _____ ODOMETER: _____ GAS: _____

PAY: _____ TIPS: _____

NOTES: _____

DATE: ___/___/_____

PICK UP LOCATION: _____

TIME: _____ ODOMETER: _____ GAS: _____

#PASSENGERS: _____

DROP OFF LOCATION: _____

TIME: _____ ODOMETER: _____ GAS: _____

PAY: _____ TIPS: _____

NOTES: _____

DATE: ___/___/_____

PICK UP LOCATION: _____

TIME: _____ ODOMETER: _____ GAS: _____

#PASSENGERS: _____

DROP OFF LOCATION: _____

TIME: _____ ODOMETER: _____ GAS: _____

PAY: _____ TIPS: _____

NOTES: _____

DATE: ___/___/_____

PICK UP LOCATION:_____

TIME: _____ ODOMETER: _____ GAS:_____

#PASSENGERS:_____

DROP OFF LOCATION:_____

TIME: _____ ODOMETER: _____ GAS:_____

PAY: _____ TIPS: _____

NOTES: _____

DATE: ___/___/_____

PICK UP LOCATION:_____

TIME: _____ ODOMETER: _____ GAS:_____

#PASSENGERS:_____

DROP OFF LOCATION:_____

TIME: _____ ODOMETER: _____ GAS:_____

PAY: _____ TIPS: _____

NOTES: _____

DATE: ___/___/_____

PICK UP LOCATION:_____

TIME: _____ ODOMETER: _____ GAS:_____

#PASSENGERS:_____

DROP OFF LOCATION:_____

TIME: _____ ODOMETER: _____ GAS:_____

PAY: _____ TIPS: _____

NOTES: _____

DATE: ___/___/_____

PICK UP LOCATION: _____

TIME: _____ ODOMETER: _____ GAS: _____

#PASSENGERS: _____

DROP OFF LOCATION: _____

TIME: _____ ODOMETER: _____ GAS: _____

PAY: _____ TIPS: _____

NOTES: _____

DATE: ___/___/_____

PICK UP LOCATION: _____

TIME: _____ ODOMETER: _____ GAS: _____

#PASSENGERS: _____

DROP OFF LOCATION: _____

TIME: _____ ODOMETER: _____ GAS: _____

PAY: _____ TIPS: _____

NOTES: _____

DATE: ___/___/_____

PICK UP LOCATION: _____

TIME: _____ ODOMETER: _____ GAS: _____

#PASSENGERS: _____

DROP OFF LOCATION: _____

TIME: _____ ODOMETER: _____ GAS: _____

PAY: _____ TIPS: _____

NOTES: _____

DATE: ___/___/_____

PICK UP LOCATION: _____

TIME: _____ ODOMETER: _____ GAS: _____

#PASSENGERS: _____

DROP OFF LOCATION: _____

TIME: _____ ODOMETER: _____ GAS: _____

PAY: _____ TIPS: _____

NOTES: _____

DATE: ___/___/_____

PICK UP LOCATION: _____

TIME: _____ ODOMETER: _____ GAS: _____

#PASSENGERS: _____

DROP OFF LOCATION: _____

TIME: _____ ODOMETER: _____ GAS: _____

PAY: _____ TIPS: _____

NOTES: _____

DATE: ___/___/_____

PICK UP LOCATION: _____

TIME: _____ ODOMETER: _____ GAS: _____

#PASSENGERS: _____

DROP OFF LOCATION: _____

TIME: _____ ODOMETER: _____ GAS: _____

PAY: _____ TIPS: _____

NOTES: _____

DATE: ___/___/_____

PICK UP LOCATION: _____

TIME: _____ ODOMETER: _____ GAS: _____

#PASSENGERS: _____

DROP OFF LOCATION: _____

TIME: _____ ODOMETER: _____ GAS: _____

PAY: _____ TIPS: _____

NOTES: _____

DATE: ___/___/_____

PICK UP LOCATION: _____

TIME: _____ ODOMETER: _____ GAS: _____

#PASSENGERS: _____

DROP OFF LOCATION: _____

TIME: _____ ODOMETER: _____ GAS: _____

PAY: _____ TIPS: _____

NOTES: _____

DATE: ___/___/_____

PICK UP LOCATION: _____

TIME: _____ ODOMETER: _____ GAS: _____

#PASSENGERS: _____

DROP OFF LOCATION: _____

TIME: _____ ODOMETER: _____ GAS: _____

PAY: _____ TIPS: _____

NOTES: _____

DATE: ___/___/_____

PICK UP LOCATION:_____

TIME:_____ ODOMETER:_____ GAS:_____

#PASSENGERS:_____

DROP OFF LOCATION:_____

TIME:_____ ODOMETER:_____ GAS:_____

PAY:_____ TIPS:_____

NOTES:_____

DATE: ___/___/_____

PICK UP LOCATION:_____

TIME:_____ ODOMETER:_____ GAS:_____

#PASSENGERS:_____

DROP OFF LOCATION:_____

TIME:_____ ODOMETER:_____ GAS:_____

PAY:_____ TIPS:_____

NOTES:_____

DATE: ___/___/_____

PICK UP LOCATION:_____

TIME:_____ ODOMETER:_____ GAS:_____

#PASSENGERS:_____

DROP OFF LOCATION:_____

TIME:_____ ODOMETER:_____ GAS:_____

PAY:_____ TIPS:_____

NOTES:_____

DATE: ___/___/_____

PICK UP LOCATION: _____

TIME: _____ ODOMETER: _____ GAS: _____

#PASSENGERS: _____

DROP OFF LOCATION: _____

TIME: _____ ODOMETER: _____ GAS: _____

PAY: _____ TIPS: _____

NOTES: _____

DATE: ___/___/_____

PICK UP LOCATION: _____

TIME: _____ ODOMETER: _____ GAS: _____

#PASSENGERS: _____

DROP OFF LOCATION: _____

TIME: _____ ODOMETER: _____ GAS: _____

PAY: _____ TIPS: _____

NOTES: _____

DATE: ___/___/_____

PICK UP LOCATION: _____

TIME: _____ ODOMETER: _____ GAS: _____

#PASSENGERS: _____

DROP OFF LOCATION: _____

TIME: _____ ODOMETER: _____ GAS: _____

PAY: _____ TIPS: _____

NOTES: _____

DATE: ___/___/_____

PICK UP LOCATION:_____

TIME:_____ ODOMETER:_____ GAS:_____

#PASSENGERS:_____

DROP OFF LOCATION:_____

TIME:_____ ODOMETER:_____ GAS:_____

PAY:_____ TIPS:_____

NOTES:_____

DATE: ___/___/_____

PICK UP LOCATION:_____

TIME:_____ ODOMETER:_____ GAS:_____

#PASSENGERS:_____

DROP OFF LOCATION:_____

TIME:_____ ODOMETER:_____ GAS:_____

PAY:_____ TIPS:_____

NOTES:_____

DATE: ___/___/_____

PICK UP LOCATION:_____

TIME:_____ ODOMETER:_____ GAS:_____

#PASSENGERS:_____

DROP OFF LOCATION:_____

TIME:_____ ODOMETER:_____ GAS:_____

PAY:_____ TIPS:_____

NOTES:_____

DATE: ___/___/_____

PICK UP LOCATION: _____

TIME: _____ ODOMETER: _____ GAS: _____

#PASSENGERS: _____

DROP OFF LOCATION: _____

TIME: _____ ODOMETER: _____ GAS: _____

PAY: _____ TIPS: _____

NOTES: _____

DATE: ___/___/_____

PICK UP LOCATION: _____

TIME: _____ ODOMETER: _____ GAS: _____

#PASSENGERS: _____

DROP OFF LOCATION: _____

TIME: _____ ODOMETER: _____ GAS: _____

PAY: _____ TIPS: _____

NOTES: _____

DATE: ___/___/_____

PICK UP LOCATION: _____

TIME: _____ ODOMETER: _____ GAS: _____

#PASSENGERS: _____

DROP OFF LOCATION: _____

TIME: _____ ODOMETER: _____ GAS: _____

PAY: _____ TIPS: _____

NOTES: _____

DATE: ___/___/_____

PICK UP LOCATION: _____

TIME: _____ ODOMETER: _____ GAS: _____

#PASSENGERS: _____

DROP OFF LOCATION: _____

TIME: _____ ODOMETER: _____ GAS: _____

PAY: _____ TIPS: _____

NOTES: _____

DATE: ___/___/_____

PICK UP LOCATION: _____

TIME: _____ ODOMETER: _____ GAS: _____

#PASSENGERS: _____

DROP OFF LOCATION: _____

TIME: _____ ODOMETER: _____ GAS: _____

PAY: _____ TIPS: _____

NOTES: _____

DATE: ___/___/_____

PICK UP LOCATION: _____

TIME: _____ ODOMETER: _____ GAS: _____

#PASSENGERS: _____

DROP OFF LOCATION: _____

TIME: _____ ODOMETER: _____ GAS: _____

PAY: _____ TIPS: _____

NOTES: _____

DATE: ___/___/_____

PICK UP LOCATION: _____

TIME: _____ ODOMETER: _____ GAS: _____

#PASSENGERS: _____

DROP OFF LOCATION: _____

TIME: _____ ODOMETER: _____ GAS: _____

PAY: _____ TIPS: _____

NOTES: _____

DATE: ___/___/_____

PICK UP LOCATION: _____

TIME: _____ ODOMETER: _____ GAS: _____

#PASSENGERS: _____

DROP OFF LOCATION: _____

TIME: _____ ODOMETER: _____ GAS: _____

PAY: _____ TIPS: _____

NOTES: _____

DATE: ___/___/_____

PICK UP LOCATION: _____

TIME: _____ ODOMETER: _____ GAS: _____

#PASSENGERS: _____

DROP OFF LOCATION: _____

TIME: _____ ODOMETER: _____ GAS: _____

PAY: _____ TIPS: _____

NOTES: _____

DATE: ___/___/_____

PICK UP LOCATION: _____

TIME: _____ ODOMETER: _____ GAS: _____

#PASSENGERS: _____

DROP OFF LOCATION: _____

TIME: _____ ODOMETER: _____ GAS: _____

PAY: _____ TIPS: _____

NOTES: _____

DATE: ___/___/_____

PICK UP LOCATION: _____

TIME: _____ ODOMETER: _____ GAS: _____

#PASSENGERS: _____

DROP OFF LOCATION: _____

TIME: _____ ODOMETER: _____ GAS: _____

PAY: _____ TIPS: _____

NOTES: _____

DATE: ___/___/_____

PICK UP LOCATION: _____

TIME: _____ ODOMETER: _____ GAS: _____

#PASSENGERS: _____

DROP OFF LOCATION: _____

TIME: _____ ODOMETER: _____ GAS: _____

PAY: _____ TIPS: _____

NOTES: _____

DATE: ___/___/_____

PICK UP LOCATION: _____

TIME: _____ ODOMETER: _____ GAS: _____

#PASSENGERS: _____

DROP OFF LOCATION: _____

TIME: _____ ODOMETER: _____ GAS: _____

PAY: _____ TIPS: _____

NOTES: _____

DATE: ___/___/_____

PICK UP LOCATION: _____

TIME: _____ ODOMETER: _____ GAS: _____

#PASSENGERS: _____

DROP OFF LOCATION: _____

TIME: _____ ODOMETER: _____ GAS: _____

PAY: _____ TIPS: _____

NOTES: _____

DATE: ___/___/_____

PICK UP LOCATION: _____

TIME: _____ ODOMETER: _____ GAS: _____

#PASSENGERS: _____

DROP OFF LOCATION: _____

TIME: _____ ODOMETER: _____ GAS: _____

PAY: _____ TIPS: _____

NOTES: _____

DATE: ___/___/_____

PICK UP LOCATION: _____

TIME: _____ ODOMETER: _____ GAS: _____

#PASSENGERS: _____

DROP OFF LOCATION: _____

TIME: _____ ODOMETER: _____ GAS: _____

PAY: _____ TIPS: _____

NOTES: _____

DATE: ___/___/_____

PICK UP LOCATION: _____

TIME: _____ ODOMETER: _____ GAS: _____

#PASSENGERS: _____

DROP OFF LOCATION: _____

TIME: _____ ODOMETER: _____ GAS: _____

PAY: _____ TIPS: _____

NOTES: _____

DATE: ___/___/_____

PICK UP LOCATION: _____

TIME: _____ ODOMETER: _____ GAS: _____

#PASSENGERS: _____

DROP OFF LOCATION: _____

TIME: _____ ODOMETER: _____ GAS: _____

PAY: _____ TIPS: _____

NOTES: _____

DATE: ___/___/_____

PICK UP LOCATION: _____

TIME: _____ ODOMETER: _____ GAS: _____

#PASSENGERS: _____

DROP OFF LOCATION: _____

TIME: _____ ODOMETER: _____ GAS: _____

PAY: _____ TIPS: _____

NOTES: _____

DATE: ___/___/_____

PICK UP LOCATION: _____

TIME: _____ ODOMETER: _____ GAS: _____

#PASSENGERS: _____

DROP OFF LOCATION: _____

TIME: _____ ODOMETER: _____ GAS: _____

PAY: _____ TIPS: _____

NOTES: _____

DATE: ___/___/_____

PICK UP LOCATION: _____

TIME: _____ ODOMETER: _____ GAS: _____

#PASSENGERS: _____

DROP OFF LOCATION: _____

TIME: _____ ODOMETER: _____ GAS: _____

PAY: _____ TIPS: _____

NOTES: _____

DATE: ___/___/_____

PICK UP LOCATION:_____

TIME:_____ ODOMETER:_____ GAS:_____

#PASSENGERS:_____

DROP OFF LOCATION:_____

TIME:_____ ODOMETER:_____ GAS:_____

PAY:_____ TIPS:_____

NOTES:_____

DATE: ___/___/_____

PICK UP LOCATION:_____

TIME:_____ ODOMETER:_____ GAS:_____

#PASSENGERS:_____

DROP OFF LOCATION:_____

TIME:_____ ODOMETER:_____ GAS:_____

PAY:_____ TIPS:_____

NOTES:_____

DATE: ___/___/_____

PICK UP LOCATION:_____

TIME:_____ ODOMETER:_____ GAS:_____

#PASSENGERS:_____

DROP OFF LOCATION:_____

TIME:_____ ODOMETER:_____ GAS:_____

PAY:_____ TIPS:_____

NOTES:_____

DATE: ___/___/_____

PICK UP LOCATION: _____

TIME: _____ ODOMETER: _____ GAS: _____

#PASSENGERS: _____

DROP OFF LOCATION: _____

TIME: _____ ODOMETER: _____ GAS: _____

PAY: _____ TIPS: _____

NOTES: _____

DATE: ___/___/_____

PICK UP LOCATION: _____

TIME: _____ ODOMETER: _____ GAS: _____

#PASSENGERS: _____

DROP OFF LOCATION: _____

TIME: _____ ODOMETER: _____ GAS: _____

PAY: _____ TIPS: _____

NOTES: _____

DATE: ___/___/_____

PICK UP LOCATION: _____

TIME: _____ ODOMETER: _____ GAS: _____

#PASSENGERS: _____

DROP OFF LOCATION: _____

TIME: _____ ODOMETER: _____ GAS: _____

PAY: _____ TIPS: _____

NOTES: _____

DATE: ___/___/_____

PICK UP LOCATION: _____

TIME: _____ ODOMETER: _____ GAS: _____

#PASSENGERS: _____

DROP OFF LOCATION: _____

TIME: _____ ODOMETER: _____ GAS: _____

PAY: _____ TIPS: _____

NOTES: _____

DATE: ___/___/_____

PICK UP LOCATION: _____

TIME: _____ ODOMETER: _____ GAS: _____

#PASSENGERS: _____

DROP OFF LOCATION: _____

TIME: _____ ODOMETER: _____ GAS: _____

PAY: _____ TIPS: _____

NOTES: _____

DATE: ___/___/_____

PICK UP LOCATION: _____

TIME: _____ ODOMETER: _____ GAS: _____

#PASSENGERS: _____

DROP OFF LOCATION: _____

TIME: _____ ODOMETER: _____ GAS: _____

PAY: _____ TIPS: _____

NOTES: _____

DATE: ___/___/_____

PICK UP LOCATION: _____

TIME: _____ ODOMETER: _____ GAS: _____

#PASSENGERS: _____

DROP OFF LOCATION: _____

TIME: _____ ODOMETER: _____ GAS: _____

PAY: _____ TIPS: _____

NOTES: _____

DATE: ___/___/_____

PICK UP LOCATION: _____

TIME: _____ ODOMETER: _____ GAS: _____

#PASSENGERS: _____

DROP OFF LOCATION: _____

TIME: _____ ODOMETER: _____ GAS: _____

PAY: _____ TIPS: _____

NOTES: _____

DATE: ___/___/_____

PICK UP LOCATION: _____

TIME: _____ ODOMETER: _____ GAS: _____

#PASSENGERS: _____

DROP OFF LOCATION: _____

TIME: _____ ODOMETER: _____ GAS: _____

PAY: _____ TIPS: _____

NOTES: _____

DATE: ___/___/_____

PICK UP LOCATION:_____

TIME:_____ ODOMETER:_____ GAS:_____

#PASSENGERS:_____

DROP OFF LOCATION:_____

TIME:_____ ODOMETER:_____ GAS:_____

PAY:_____ TIPS:_____

NOTES:_____

DATE: ___/___/_____

PICK UP LOCATION:_____

TIME:_____ ODOMETER:_____ GAS:_____

#PASSENGERS:_____

DROP OFF LOCATION:_____

TIME:_____ ODOMETER:_____ GAS:_____

PAY:_____ TIPS:_____

NOTES:_____

DATE: ___/___/_____

PICK UP LOCATION:_____

TIME:_____ ODOMETER:_____ GAS:_____

#PASSENGERS:_____

DROP OFF LOCATION:_____

TIME:_____ ODOMETER:_____ GAS:_____

PAY:_____ TIPS:_____

NOTES:_____

DATE: ___/___/_____

PICK UP LOCATION: _____

TIME: _____ ODOMETER: _____ GAS: _____

#PASSENGERS: _____

DROP OFF LOCATION: _____

TIME: _____ ODOMETER: _____ GAS: _____

PAY: _____ TIPS: _____

NOTES: _____

DATE: ___/___/_____

PICK UP LOCATION: _____

TIME: _____ ODOMETER: _____ GAS: _____

#PASSENGERS: _____

DROP OFF LOCATION: _____

TIME: _____ ODOMETER: _____ GAS: _____

PAY: _____ TIPS: _____

NOTES: _____

DATE: ___/___/_____

PICK UP LOCATION: _____

TIME: _____ ODOMETER: _____ GAS: _____

#PASSENGERS: _____

DROP OFF LOCATION: _____

TIME: _____ ODOMETER: _____ GAS: _____

PAY: _____ TIPS: _____

NOTES: _____

DATE: ___/___/_____

PICK UP LOCATION:_____

TIME:_____ ODOMETER:_____ GAS:_____

#PASSENGERS:_____

DROP OFF LOCATION:_____

TIME:_____ ODOMETER:_____ GAS:_____

PAY:_____ TIPS:_____

NOTES:_____

DATE: ___/___/_____

PICK UP LOCATION:_____

TIME:_____ ODOMETER:_____ GAS:_____

#PASSENGERS:_____

DROP OFF LOCATION:_____

TIME:_____ ODOMETER:_____ GAS:_____

PAY:_____ TIPS:_____

NOTES:_____

DATE: ___/___/_____

PICK UP LOCATION:_____

TIME:_____ ODOMETER:_____ GAS:_____

#PASSENGERS:_____

DROP OFF LOCATION:_____

TIME:_____ ODOMETER:_____ GAS:_____

PAY:_____ TIPS:_____

NOTES:_____

DATE: ___/___/_____

PICK UP LOCATION: _____

TIME: _____ ODOMETER: _____ GAS: _____

#PASSENGERS: _____

DROP OFF LOCATION: _____

TIME: _____ ODOMETER: _____ GAS: _____

PAY: _____ TIPS: _____

NOTES: _____

DATE: ___/___/_____

PICK UP LOCATION: _____

TIME: _____ ODOMETER: _____ GAS: _____

#PASSENGERS: _____

DROP OFF LOCATION: _____

TIME: _____ ODOMETER: _____ GAS: _____

PAY: _____ TIPS: _____

NOTES: _____

DATE: ___/___/_____

PICK UP LOCATION: _____

TIME: _____ ODOMETER: _____ GAS: _____

#PASSENGERS: _____

DROP OFF LOCATION: _____

TIME: _____ ODOMETER: _____ GAS: _____

PAY: _____ TIPS: _____

NOTES: _____

DATE: ___/___/_____

PICK UP LOCATION:_____

TIME:_____ ODOMETER:_____ GAS:_____

#PASSENGERS:_____

DROP OFF LOCATION:_____

TIME:_____ ODOMETER:_____ GAS:_____

PAY:_____ TIPS:_____

NOTES:_____

DATE: ___/___/_____

PICK UP LOCATION:_____

TIME:_____ ODOMETER:_____ GAS:_____

#PASSENGERS:_____

DROP OFF LOCATION:_____

TIME:_____ ODOMETER:_____ GAS:_____

PAY:_____ TIPS:_____

NOTES:_____

DATE: ___/___/_____

PICK UP LOCATION:_____

TIME:_____ ODOMETER:_____ GAS:_____

#PASSENGERS:_____

DROP OFF LOCATION:_____

TIME:_____ ODOMETER:_____ GAS:_____

PAY:_____ TIPS:_____

NOTES:_____

DATE: ___/___/_____

PICK UP LOCATION: _____

TIME: _____ ODOMETER: _____ GAS: _____

#PASSENGERS: _____

DROP OFF LOCATION: _____

TIME: _____ ODOMETER: _____ GAS: _____

PAY: _____ TIPS: _____

NOTES: _____

DATE: ___/___/_____

PICK UP LOCATION: _____

TIME: _____ ODOMETER: _____ GAS: _____

#PASSENGERS: _____

DROP OFF LOCATION: _____

TIME: _____ ODOMETER: _____ GAS: _____

PAY: _____ TIPS: _____

NOTES: _____

DATE: ___/___/_____

PICK UP LOCATION: _____

TIME: _____ ODOMETER: _____ GAS: _____

#PASSENGERS: _____

DROP OFF LOCATION: _____

TIME: _____ ODOMETER: _____ GAS: _____

PAY: _____ TIPS: _____

NOTES: _____

DATE: ___/___/_____

PICK UP LOCATION:_____

TIME:_____ ODOMETER:_____ GAS:_____

#PASSENGERS:_____

DROP OFF LOCATION:_____

TIME:_____ ODOMETER:_____ GAS:_____

PAY:_____ TIPS:_____

NOTES:_____

DATE: ___/___/_____

PICK UP LOCATION:_____

TIME:_____ ODOMETER:_____ GAS:_____

#PASSENGERS:_____

DROP OFF LOCATION:_____

TIME:_____ ODOMETER:_____ GAS:_____

PAY:_____ TIPS:_____

NOTES:_____

DATE: ___/___/_____

PICK UP LOCATION:_____

TIME:_____ ODOMETER:_____ GAS:_____

#PASSENGERS:_____

DROP OFF LOCATION:_____

TIME:_____ ODOMETER:_____ GAS:_____

PAY:_____ TIPS:_____

NOTES:_____

DATE: ___/___/_____

PICK UP LOCATION: _____

TIME: _____ ODOMETER: _____ GAS: _____

#PASSENGERS: _____

DROP OFF LOCATION: _____

TIME: _____ ODOMETER: _____ GAS: _____

PAY: _____ TIPS: _____

NOTES: _____

DATE: ___/___/_____

PICK UP LOCATION: _____

TIME: _____ ODOMETER: _____ GAS: _____

#PASSENGERS: _____

DROP OFF LOCATION: _____

TIME: _____ ODOMETER: _____ GAS: _____

PAY: _____ TIPS: _____

NOTES: _____

DATE: ___/___/_____

PICK UP LOCATION: _____

TIME: _____ ODOMETER: _____ GAS: _____

#PASSENGERS: _____

DROP OFF LOCATION: _____

TIME: _____ ODOMETER: _____ GAS: _____

PAY: _____ TIPS: _____

NOTES: _____

DATE: ___/___/_____

PICK UP LOCATION:_____

TIME:_____ ODOMETER:_____ GAS:_____

#PASSENGERS:_____

DROP OFF LOCATION:_____

TIME:_____ ODOMETER:_____ GAS:_____

PAY:_____ TIPS:_____

NOTES:_____

DATE: ___/___/_____

PICK UP LOCATION:_____

TIME:_____ ODOMETER:_____ GAS:_____

#PASSENGERS:_____

DROP OFF LOCATION:_____

TIME:_____ ODOMETER:_____ GAS:_____

PAY:_____ TIPS:_____

NOTES:_____

DATE: ___/___/_____

PICK UP LOCATION:_____

TIME:_____ ODOMETER:_____ GAS:_____

#PASSENGERS:_____

DROP OFF LOCATION:_____

TIME:_____ ODOMETER:_____ GAS:_____

PAY:_____ TIPS:_____

NOTES:_____

DATE: ___/___/_____

PICK UP LOCATION: _____

TIME: _____ ODOMETER: _____ GAS: _____

#PASSENGERS: _____

DROP OFF LOCATION: _____

TIME: _____ ODOMETER: _____ GAS: _____

PAY: _____ TIPS: _____

NOTES: _____

DATE: ___/___/_____

PICK UP LOCATION: _____

TIME: _____ ODOMETER: _____ GAS: _____

#PASSENGERS: _____

DROP OFF LOCATION: _____

TIME: _____ ODOMETER: _____ GAS: _____

PAY: _____ TIPS: _____

NOTES: _____

DATE: ___/___/_____

PICK UP LOCATION: _____

TIME: _____ ODOMETER: _____ GAS: _____

#PASSENGERS: _____

DROP OFF LOCATION: _____

TIME: _____ ODOMETER: _____ GAS: _____

PAY: _____ TIPS: _____

NOTES: _____

DATE: ___/___/_____

PICK UP LOCATION:_____

TIME: _____ ODOMETER: _____ GAS: _____

#PASSENGERS: _____

DROP OFF LOCATION:_____

TIME: _____ ODOMETER: _____ GAS: _____

PAY: _____ TIPS: _____

NOTES: _____

DATE: ___/___/_____

PICK UP LOCATION:_____

TIME: _____ ODOMETER: _____ GAS: _____

#PASSENGERS: _____

DROP OFF LOCATION:_____

TIME: _____ ODOMETER: _____ GAS: _____

PAY: _____ TIPS: _____

NOTES: _____

DATE: ___/___/_____

PICK UP LOCATION:_____

TIME: _____ ODOMETER: _____ GAS: _____

#PASSENGERS: _____

DROP OFF LOCATION:_____

TIME: _____ ODOMETER: _____ GAS: _____

PAY: _____ TIPS: _____

NOTES: _____

DATE: ___/___/_____

PICK UP LOCATION: _____

TIME: _____ ODOMETER: _____ GAS: _____

#PASSENGERS: _____

DROP OFF LOCATION: _____

TIME: _____ ODOMETER: _____ GAS: _____

PAY: _____ TIPS: _____

NOTES: _____

DATE: ___/___/_____

PICK UP LOCATION: _____

TIME: _____ ODOMETER: _____ GAS: _____

#PASSENGERS: _____

DROP OFF LOCATION: _____

TIME: _____ ODOMETER: _____ GAS: _____

PAY: _____ TIPS: _____

NOTES: _____

DATE: ___/___/_____

PICK UP LOCATION: _____

TIME: _____ ODOMETER: _____ GAS: _____

#PASSENGERS: _____

DROP OFF LOCATION: _____

TIME: _____ ODOMETER: _____ GAS: _____

PAY: _____ TIPS: _____

NOTES: _____

DATE: ___/___/_____

PICK UP LOCATION:_____

TIME:_____ ODOMETER:_____ GAS:_____

#PASSENGERS:_____

DROP OFF LOCATION:_____

TIME:_____ ODOMETER:_____ GAS:_____

PAY:_____ TIPS:_____

NOTES:_____

DATE: ___/___/_____

PICK UP LOCATION:_____

TIME:_____ ODOMETER:_____ GAS:_____

#PASSENGERS:_____

DROP OFF LOCATION:_____

TIME:_____ ODOMETER:_____ GAS:_____

PAY:_____ TIPS:_____

NOTES:_____

DATE: ___/___/_____

PICK UP LOCATION:_____

TIME:_____ ODOMETER:_____ GAS:_____

#PASSENGERS:_____

DROP OFF LOCATION:_____

TIME:_____ ODOMETER:_____ GAS:_____

PAY:_____ TIPS:_____

NOTES:_____

DATE: ___/___/_____

PICK UP LOCATION: _____

TIME: _____ ODOMETER: _____ GAS: _____

#PASSENGERS: _____

DROP OFF LOCATION: _____

TIME: _____ ODOMETER: _____ GAS: _____

PAY: _____ TIPS: _____

NOTES: _____

DATE: ___/___/_____

PICK UP LOCATION: _____

TIME: _____ ODOMETER: _____ GAS: _____

#PASSENGERS: _____

DROP OFF LOCATION: _____

TIME: _____ ODOMETER: _____ GAS: _____

PAY: _____ TIPS: _____

NOTES: _____

DATE: ___/___/_____

PICK UP LOCATION: _____

TIME: _____ ODOMETER: _____ GAS: _____

#PASSENGERS: _____

DROP OFF LOCATION: _____

TIME: _____ ODOMETER: _____ GAS: _____

PAY: _____ TIPS: _____

NOTES: _____

DATE: ___/___/_____

PICK UP LOCATION:_____

TIME:_____ ODOMETER:_____ GAS:_____

#PASSENGERS:_____

DROP OFF LOCATION:_____

TIME:_____ ODOMETER:_____ GAS:_____

PAY:_____ TIPS:_____

NOTES:_____

DATE: ___/___/_____

PICK UP LOCATION:_____

TIME:_____ ODOMETER:_____ GAS:_____

#PASSENGERS:_____

DROP OFF LOCATION:_____

TIME:_____ ODOMETER:_____ GAS:_____

PAY:_____ TIPS:_____

NOTES:_____

DATE: ___/___/_____

PICK UP LOCATION:_____

TIME:_____ ODOMETER:_____ GAS:_____

#PASSENGERS:_____

DROP OFF LOCATION:_____

TIME:_____ ODOMETER:_____ GAS:_____

PAY:_____ TIPS:_____

NOTES:_____

DATE: ___/___/_____

PICK UP LOCATION: _____

TIME: _____ ODOMETER: _____ GAS: _____

#PASSENGERS: _____

DROP OFF LOCATION: _____

TIME: _____ ODOMETER: _____ GAS: _____

PAY: _____ TIPS: _____

NOTES: _____

DATE: ___/___/_____

PICK UP LOCATION: _____

TIME: _____ ODOMETER: _____ GAS: _____

#PASSENGERS: _____

DROP OFF LOCATION: _____

TIME: _____ ODOMETER: _____ GAS: _____

PAY: _____ TIPS: _____

NOTES: _____

DATE: ___/___/_____

PICK UP LOCATION: _____

TIME: _____ ODOMETER: _____ GAS: _____

#PASSENGERS: _____

DROP OFF LOCATION: _____

TIME: _____ ODOMETER: _____ GAS: _____

PAY: _____ TIPS: _____

NOTES: _____

DATE: ___/___/_____

PICK UP LOCATION: _____

TIME: _____ ODOMETER: _____ GAS: _____

#PASSENGERS: _____

DROP OFF LOCATION: _____

TIME: _____ ODOMETER: _____ GAS: _____

PAY: _____ TIPS: _____

NOTES: _____

DATE: ___/___/_____

PICK UP LOCATION: _____

TIME: _____ ODOMETER: _____ GAS: _____

#PASSENGERS: _____

DROP OFF LOCATION: _____

TIME: _____ ODOMETER: _____ GAS: _____

PAY: _____ TIPS: _____

NOTES: _____

DATE: ___/___/_____

PICK UP LOCATION: _____

TIME: _____ ODOMETER: _____ GAS: _____

#PASSENGERS: _____

DROP OFF LOCATION: _____

TIME: _____ ODOMETER: _____ GAS: _____

PAY: _____ TIPS: _____

NOTES: _____

DATE: ___/___/_____

PICK UP LOCATION: _____

TIME: _____ ODOMETER: _____ GAS: _____

#PASSENGERS: _____

DROP OFF LOCATION: _____

TIME: _____ ODOMETER: _____ GAS: _____

PAY: _____ TIPS: _____

NOTES: _____

DATE: ___/___/_____

PICK UP LOCATION: _____

TIME: _____ ODOMETER: _____ GAS: _____

#PASSENGERS: _____

DROP OFF LOCATION: _____

TIME: _____ ODOMETER: _____ GAS: _____

PAY: _____ TIPS: _____

NOTES: _____

DATE: ___/___/_____

PICK UP LOCATION: _____

TIME: _____ ODOMETER: _____ GAS: _____

#PASSENGERS: _____

DROP OFF LOCATION: _____

TIME: _____ ODOMETER: _____ GAS: _____

PAY: _____ TIPS: _____

NOTES: _____

DATE: ___/___/_____

PICK UP LOCATION:_____

TIME:_____ ODOMETER:_____ GAS:_____

#PASSENGERS:_____

DROP OFF LOCATION:_____

TIME:_____ ODOMETER:_____ GAS:_____

PAY:_____ TIPS:_____

NOTES:_____

DATE: ___/___/_____

PICK UP LOCATION:_____

TIME:_____ ODOMETER:_____ GAS:_____

#PASSENGERS:_____

DROP OFF LOCATION:_____

TIME:_____ ODOMETER:_____ GAS:_____

PAY:_____ TIPS:_____

NOTES:_____

DATE: ___/___/_____

PICK UP LOCATION:_____

TIME:_____ ODOMETER:_____ GAS:_____

#PASSENGERS:_____

DROP OFF LOCATION:_____

TIME:_____ ODOMETER:_____ GAS:_____

PAY:_____ TIPS:_____

NOTES:_____

DATE: ___/___/_____

PICK UP LOCATION: _____

TIME: _____ ODOMETER: _____ GAS: _____

#PASSENGERS: _____

DROP OFF LOCATION: _____

TIME: _____ ODOMETER: _____ GAS: _____

PAY: _____ TIPS: _____

NOTES: _____

DATE: ___/___/_____

PICK UP LOCATION: _____

TIME: _____ ODOMETER: _____ GAS: _____

#PASSENGERS: _____

DROP OFF LOCATION: _____

TIME: _____ ODOMETER: _____ GAS: _____

PAY: _____ TIPS: _____

NOTES: _____

DATE: ___/___/_____

PICK UP LOCATION: _____

TIME: _____ ODOMETER: _____ GAS: _____

#PASSENGERS: _____

DROP OFF LOCATION: _____

TIME: _____ ODOMETER: _____ GAS: _____

PAY: _____ TIPS: _____

NOTES: _____

DATE: ___/___/_____

PICK UP LOCATION: _____

TIME: _____ ODOMETER: _____ GAS: _____

#PASSENGERS: _____

DROP OFF LOCATION: _____

TIME: _____ ODOMETER: _____ GAS: _____

PAY: _____ TIPS: _____

NOTES: _____

DATE: ___/___/_____

PICK UP LOCATION: _____

TIME: _____ ODOMETER: _____ GAS: _____

#PASSENGERS: _____

DROP OFF LOCATION: _____

TIME: _____ ODOMETER: _____ GAS: _____

PAY: _____ TIPS: _____

NOTES: _____

DATE: ___/___/_____

PICK UP LOCATION: _____

TIME: _____ ODOMETER: _____ GAS: _____

#PASSENGERS: _____

DROP OFF LOCATION: _____

TIME: _____ ODOMETER: _____ GAS: _____

PAY: _____ TIPS: _____

NOTES: _____

DATE: ___/___/_____

PICK UP LOCATION: _____

TIME: _____ ODOMETER: _____ GAS: _____

#PASSENGERS: _____

DROP OFF LOCATION: _____

TIME: _____ ODOMETER: _____ GAS: _____

PAY: _____ TIPS: _____

NOTES: _____

DATE: ___/___/_____

PICK UP LOCATION: _____

TIME: _____ ODOMETER: _____ GAS: _____

#PASSENGERS: _____

DROP OFF LOCATION: _____

TIME: _____ ODOMETER: _____ GAS: _____

PAY: _____ TIPS: _____

NOTES: _____

DATE: ___/___/_____

PICK UP LOCATION: _____

TIME: _____ ODOMETER: _____ GAS: _____

#PASSENGERS: _____

DROP OFF LOCATION: _____

TIME: _____ ODOMETER: _____ GAS: _____

PAY: _____ TIPS: _____

NOTES: _____

DATE: ___/___/_____

PICK UP LOCATION:_____

TIME:_____ ODOMETER:_____ GAS:_____

#PASSENGERS:_____

DROP OFF LOCATION:_____

TIME:_____ ODOMETER:_____ GAS:_____

PAY:_____ TIPS:_____

NOTES:_____

DATE: ___/___/_____

PICK UP LOCATION:_____

TIME:_____ ODOMETER:_____ GAS:_____

#PASSENGERS:_____

DROP OFF LOCATION:_____

TIME:_____ ODOMETER:_____ GAS:_____

PAY:_____ TIPS:_____

NOTES:_____

DATE: ___/___/_____

PICK UP LOCATION:_____

TIME:_____ ODOMETER:_____ GAS:_____

#PASSENGERS:_____

DROP OFF LOCATION:_____

TIME:_____ ODOMETER:_____ GAS:_____

PAY:_____ TIPS:_____

NOTES:_____

DATE: ___/___/_____

PICK UP LOCATION: _____

TIME: _____ ODOMETER: _____ GAS: _____

#PASSENGERS: _____

DROP OFF LOCATION: _____

TIME: _____ ODOMETER: _____ GAS: _____

PAY: _____ TIPS: _____

NOTES: _____

DATE: ___/___/_____

PICK UP LOCATION: _____

TIME: _____ ODOMETER: _____ GAS: _____

#PASSENGERS: _____

DROP OFF LOCATION: _____

TIME: _____ ODOMETER: _____ GAS: _____

PAY: _____ TIPS: _____

NOTES: _____

DATE: ___/___/_____

PICK UP LOCATION: _____

TIME: _____ ODOMETER: _____ GAS: _____

#PASSENGERS: _____

DROP OFF LOCATION: _____

TIME: _____ ODOMETER: _____ GAS: _____

PAY: _____ TIPS: _____

NOTES: _____

DATE: ___/___/_____

PICK UP LOCATION:_____

TIME:_____ ODOMETER:_____ GAS:_____

#PASSENGERS:_____

DROP OFF LOCATION:_____

TIME:_____ ODOMETER:_____ GAS:_____

PAY:_____ TIPS:_____

NOTES:_____

DATE: ___/___/_____

PICK UP LOCATION:_____

TIME:_____ ODOMETER:_____ GAS:_____

#PASSENGERS:_____

DROP OFF LOCATION:_____

TIME:_____ ODOMETER:_____ GAS:_____

PAY:_____ TIPS:_____

NOTES:_____

DATE: ___/___/_____

PICK UP LOCATION:_____

TIME:_____ ODOMETER:_____ GAS:_____

#PASSENGERS:_____

DROP OFF LOCATION:_____

TIME:_____ ODOMETER:_____ GAS:_____

PAY:_____ TIPS:_____

NOTES:_____

DATE: ___/___/_____

PICK UP LOCATION: _____

TIME: _____ ODOMETER: _____ GAS: _____

#PASSENGERS: _____

DROP OFF LOCATION: _____

TIME: _____ ODOMETER: _____ GAS: _____

PAY: _____ TIPS: _____

NOTES: _____

DATE: ___/___/_____

PICK UP LOCATION: _____

TIME: _____ ODOMETER: _____ GAS: _____

#PASSENGERS: _____

DROP OFF LOCATION: _____

TIME: _____ ODOMETER: _____ GAS: _____

PAY: _____ TIPS: _____

NOTES: _____

DATE: ___/___/_____

PICK UP LOCATION: _____

TIME: _____ ODOMETER: _____ GAS: _____

#PASSENGERS: _____

DROP OFF LOCATION: _____

TIME: _____ ODOMETER: _____ GAS: _____

PAY: _____ TIPS: _____

NOTES: _____

DATE: ___/___/_____

PICK UP LOCATION: _____

TIME: _____ ODOMETER: _____ GAS: _____

#PASSENGERS: _____

DROP OFF LOCATION: _____

TIME: _____ ODOMETER: _____ GAS: _____

PAY: _____ TIPS: _____

NOTES: _____

DATE: ___/___/_____

PICK UP LOCATION: _____

TIME: _____ ODOMETER: _____ GAS: _____

#PASSENGERS: _____

DROP OFF LOCATION: _____

TIME: _____ ODOMETER: _____ GAS: _____

PAY: _____ TIPS: _____

NOTES: _____

DATE: ___/___/_____

PICK UP LOCATION: _____

TIME: _____ ODOMETER: _____ GAS: _____

#PASSENGERS: _____

DROP OFF LOCATION: _____

TIME: _____ ODOMETER: _____ GAS: _____

PAY: _____ TIPS: _____

NOTES: _____

DATE: ___/___/_____

PICK UP LOCATION: _____

TIME: _____ ODOMETER: _____ GAS: _____

#PASSENGERS: _____

DROP OFF LOCATION: _____

TIME: _____ ODOMETER: _____ GAS: _____

PAY: _____ TIPS: _____

NOTES: _____

DATE: ___/___/_____

PICK UP LOCATION: _____

TIME: _____ ODOMETER: _____ GAS: _____

#PASSENGERS: _____

DROP OFF LOCATION: _____

TIME: _____ ODOMETER: _____ GAS: _____

PAY: _____ TIPS: _____

NOTES: _____

DATE: ___/___/_____

PICK UP LOCATION: _____

TIME: _____ ODOMETER: _____ GAS: _____

#PASSENGERS: _____

DROP OFF LOCATION: _____

TIME: _____ ODOMETER: _____ GAS: _____

PAY: _____ TIPS: _____

NOTES: _____

DATE: ___/___/_____

PICK UP LOCATION:_____

TIME:_____ ODOMETER:_____ GAS:_____

#PASSENGERS:_____

DROP OFF LOCATION:_____

TIME:_____ ODOMETER:_____ GAS:_____

PAY:_____ TIPS:_____

NOTES:_____

DATE: ___/___/_____

PICK UP LOCATION:_____

TIME:_____ ODOMETER:_____ GAS:_____

#PASSENGERS:_____

DROP OFF LOCATION:_____

TIME:_____ ODOMETER:_____ GAS:_____

PAY:_____ TIPS:_____

NOTES:_____

DATE: ___/___/_____

PICK UP LOCATION:_____

TIME:_____ ODOMETER:_____ GAS:_____

#PASSENGERS:_____

DROP OFF LOCATION:_____

TIME:_____ ODOMETER:_____ GAS:_____

PAY:_____ TIPS:_____

NOTES:_____

DATE: ___/___/_____

PICK UP LOCATION: _____

TIME: _____ ODOMETER: _____ GAS: _____

#PASSENGERS: _____

DROP OFF LOCATION: _____

TIME: _____ ODOMETER: _____ GAS: _____

PAY: _____ TIPS: _____

NOTES: _____

DATE: ___/___/_____

PICK UP LOCATION: _____

TIME: _____ ODOMETER: _____ GAS: _____

#PASSENGERS: _____

DROP OFF LOCATION: _____

TIME: _____ ODOMETER: _____ GAS: _____

PAY: _____ TIPS: _____

NOTES: _____

DATE: ___/___/_____

PICK UP LOCATION: _____

TIME: _____ ODOMETER: _____ GAS: _____

#PASSENGERS: _____

DROP OFF LOCATION: _____

TIME: _____ ODOMETER: _____ GAS: _____

PAY: _____ TIPS: _____

NOTES: _____

DATE: ___/___/_____

PICK UP LOCATION:_____

TIME:_____ ODOMETER:_____ GAS:_____

#PASSENGERS:_____

DROP OFF LOCATION:_____

TIME:_____ ODOMETER:_____ GAS:_____

PAY:_____ TIPS:_____

NOTES:_____

DATE: ___/___/_____

PICK UP LOCATION:_____

TIME:_____ ODOMETER:_____ GAS:_____

#PASSENGERS:_____

DROP OFF LOCATION:_____

TIME:_____ ODOMETER:_____ GAS:_____

PAY:_____ TIPS:_____

NOTES:_____

DATE: ___/___/_____

PICK UP LOCATION:_____

TIME:_____ ODOMETER:_____ GAS:_____

#PASSENGERS:_____

DROP OFF LOCATION:_____

TIME:_____ ODOMETER:_____ GAS:_____

PAY:_____ TIPS:_____

NOTES:_____

DATE: ___/___/_____

PICK UP LOCATION: _____

TIME: _____ ODOMETER: _____ GAS: _____

#PASSENGERS: _____

DROP OFF LOCATION: _____

TIME: _____ ODOMETER: _____ GAS: _____

PAY: _____ TIPS: _____

NOTES: _____

DATE: ___/___/_____

PICK UP LOCATION: _____

TIME: _____ ODOMETER: _____ GAS: _____

#PASSENGERS: _____

DROP OFF LOCATION: _____

TIME: _____ ODOMETER: _____ GAS: _____

PAY: _____ TIPS: _____

NOTES: _____

DATE: ___/___/_____

PICK UP LOCATION: _____

TIME: _____ ODOMETER: _____ GAS: _____

#PASSENGERS: _____

DROP OFF LOCATION: _____

TIME: _____ ODOMETER: _____ GAS: _____

PAY: _____ TIPS: _____

NOTES: _____

DATE: ___/___/_____

PICK UP LOCATION: _____

TIME: _____ ODOMETER: _____ GAS: _____

#PASSENGERS: _____

DROP OFF LOCATION: _____

TIME: _____ ODOMETER: _____ GAS: _____

PAY: _____ TIPS: _____

NOTES: _____

DATE: ___/___/_____

PICK UP LOCATION: _____

TIME: _____ ODOMETER: _____ GAS: _____

#PASSENGERS: _____

DROP OFF LOCATION: _____

TIME: _____ ODOMETER: _____ GAS: _____

PAY: _____ TIPS: _____

NOTES: _____

DATE: ___/___/_____

PICK UP LOCATION: _____

TIME: _____ ODOMETER: _____ GAS: _____

#PASSENGERS: _____

DROP OFF LOCATION: _____

TIME: _____ ODOMETER: _____ GAS: _____

PAY: _____ TIPS: _____

NOTES: _____

DATE: ___/___/_____

PICK UP LOCATION: _____

TIME: _____ ODOMETER: _____ GAS: _____

#PASSENGERS: _____

DROP OFF LOCATION: _____

TIME: _____ ODOMETER: _____ GAS: _____

PAY: _____ TIPS: _____

NOTES: _____

DATE: ___/___/_____

PICK UP LOCATION: _____

TIME: _____ ODOMETER: _____ GAS: _____

#PASSENGERS: _____

DROP OFF LOCATION: _____

TIME: _____ ODOMETER: _____ GAS: _____

PAY: _____ TIPS: _____

NOTES: _____

DATE: ___/___/_____

PICK UP LOCATION: _____

TIME: _____ ODOMETER: _____ GAS: _____

#PASSENGERS: _____

DROP OFF LOCATION: _____

TIME: _____ ODOMETER: _____ GAS: _____

PAY: _____ TIPS: _____

NOTES: _____

DATE: ___/___/_____

PICK UP LOCATION: _____

TIME: _____ ODOMETER: _____ GAS: _____

#PASSENGERS: _____

DROP OFF LOCATION: _____

TIME: _____ ODOMETER: _____ GAS: _____

PAY: _____ TIPS: _____

NOTES: _____

DATE: ___/___/_____

PICK UP LOCATION: _____

TIME: _____ ODOMETER: _____ GAS: _____

#PASSENGERS: _____

DROP OFF LOCATION: _____

TIME: _____ ODOMETER: _____ GAS: _____

PAY: _____ TIPS: _____

NOTES: _____

DATE: ___/___/_____

PICK UP LOCATION: _____

TIME: _____ ODOMETER: _____ GAS: _____

#PASSENGERS: _____

DROP OFF LOCATION: _____

TIME: _____ ODOMETER: _____ GAS: _____

PAY: _____ TIPS: _____

NOTES: _____

DATE: ___/___/_____

PICK UP LOCATION: _____

TIME: _____ **ODOMETER:** _____ **GAS:** _____

#PASSENGERS: _____

DROP OFF LOCATION: _____

TIME: _____ **ODOMETER:** _____ **GAS:** _____

PAY: _____ **TIPS:** _____

NOTES: _____

DATE: ___/___/_____

PICK UP LOCATION: _____

TIME: _____ **ODOMETER:** _____ **GAS:** _____

#PASSENGERS: _____

DROP OFF LOCATION: _____

TIME: _____ **ODOMETER:** _____ **GAS:** _____

PAY: _____ **TIPS:** _____

NOTES: _____

DATE: ___/___/_____

PICK UP LOCATION: _____

TIME: _____ **ODOMETER:** _____ **GAS:** _____

#PASSENGERS: _____

DROP OFF LOCATION: _____

TIME: _____ **ODOMETER:** _____ **GAS:** _____

PAY: _____ **TIPS:** _____

NOTES: _____

DATE: ___/___/_____

PICK UP LOCATION: _____

TIME: _____ ODOMETER: _____ GAS: _____

#PASSENGERS: _____

DROP OFF LOCATION: _____

TIME: _____ ODOMETER: _____ GAS: _____

PAY: _____ TIPS: _____

NOTES: _____

DATE: ___/___/_____

PICK UP LOCATION: _____

TIME: _____ ODOMETER: _____ GAS: _____

#PASSENGERS: _____

DROP OFF LOCATION: _____

TIME: _____ ODOMETER: _____ GAS: _____

PAY: _____ TIPS: _____

NOTES: _____

DATE: ___/___/_____

PICK UP LOCATION: _____

TIME: _____ ODOMETER: _____ GAS: _____

#PASSENGERS: _____

DROP OFF LOCATION: _____

TIME: _____ ODOMETER: _____ GAS: _____

PAY: _____ TIPS: _____

NOTES: _____

DATE: ___/___/_____

PICK UP LOCATION: _____

TIME: _____ ODOMETER: _____ GAS: _____

#PASSENGERS: _____

DROP OFF LOCATION: _____

TIME: _____ ODOMETER: _____ GAS: _____

PAY: _____ TIPS: _____

NOTES: _____

DATE: ___/___/_____

PICK UP LOCATION: _____

TIME: _____ ODOMETER: _____ GAS: _____

#PASSENGERS: _____

DROP OFF LOCATION: _____

TIME: _____ ODOMETER: _____ GAS: _____

PAY: _____ TIPS: _____

NOTES: _____

DATE: ___/___/_____

PICK UP LOCATION: _____

TIME: _____ ODOMETER: _____ GAS: _____

#PASSENGERS: _____

DROP OFF LOCATION: _____

TIME: _____ ODOMETER: _____ GAS: _____

PAY: _____ TIPS: _____

NOTES: _____

DATE: ___/___/_____

PICK UP LOCATION:_____

TIME:_____ ODOMETER:_____ GAS:_____

#PASSENGERS:_____

DROP OFF LOCATION:_____

TIME:_____ ODOMETER:_____ GAS:_____

PAY:_____ TIPS:_____

NOTES:_____

DATE: ___/___/_____

PICK UP LOCATION:_____

TIME:_____ ODOMETER:_____ GAS:_____

#PASSENGERS:_____

DROP OFF LOCATION:_____

TIME:_____ ODOMETER:_____ GAS:_____

PAY:_____ TIPS:_____

NOTES:_____

DATE: ___/___/_____

PICK UP LOCATION:_____

TIME:_____ ODOMETER:_____ GAS:_____

#PASSENGERS:_____

DROP OFF LOCATION:_____

TIME:_____ ODOMETER:_____ GAS:_____

PAY:_____ TIPS:_____

NOTES:_____

DATE: ___/___/_____

PICK UP LOCATION: _____

TIME: _____ ODOMETER: _____ GAS: _____

#PASSENGERS: _____

DROP OFF LOCATION: _____

TIME: _____ ODOMETER: _____ GAS: _____

PAY: _____ TIPS: _____

NOTES: _____

DATE: ___/___/_____

PICK UP LOCATION: _____

TIME: _____ ODOMETER: _____ GAS: _____

#PASSENGERS: _____

DROP OFF LOCATION: _____

TIME: _____ ODOMETER: _____ GAS: _____

PAY: _____ TIPS: _____

NOTES: _____

DATE: ___/___/_____

PICK UP LOCATION: _____

TIME: _____ ODOMETER: _____ GAS: _____

#PASSENGERS: _____

DROP OFF LOCATION: _____

TIME: _____ ODOMETER: _____ GAS: _____

PAY: _____ TIPS: _____

NOTES: _____

DATE: ___/___/_____

PICK UP LOCATION: _____

TIME: _____ ODOMETER: _____ GAS: _____

#PASSENGERS: _____

DROP OFF LOCATION: _____

TIME: _____ ODOMETER: _____ GAS: _____

PAY: _____ TIPS: _____

NOTES: _____

DATE: ___/___/_____

PICK UP LOCATION: _____

TIME: _____ ODOMETER: _____ GAS: _____

#PASSENGERS: _____

DROP OFF LOCATION: _____

TIME: _____ ODOMETER: _____ GAS: _____

PAY: _____ TIPS: _____

NOTES: _____

DATE: ___/___/_____

PICK UP LOCATION: _____

TIME: _____ ODOMETER: _____ GAS: _____

#PASSENGERS: _____

DROP OFF LOCATION: _____

TIME: _____ ODOMETER: _____ GAS: _____

PAY: _____ TIPS: _____

NOTES: _____

DATE: ___/___/_____

PICK UP LOCATION: _____

TIME: _____ ODOMETER: _____ GAS: _____

#PASSENGERS: _____

DROP OFF LOCATION: _____

TIME: _____ ODOMETER: _____ GAS: _____

PAY: _____ TIPS: _____

NOTES: _____

DATE: ___/___/_____

PICK UP LOCATION: _____

TIME: _____ ODOMETER: _____ GAS: _____

#PASSENGERS: _____

DROP OFF LOCATION: _____

TIME: _____ ODOMETER: _____ GAS: _____

PAY: _____ TIPS: _____

NOTES: _____

DATE: ___/___/_____

PICK UP LOCATION: _____

TIME: _____ ODOMETER: _____ GAS: _____

#PASSENGERS: _____

DROP OFF LOCATION: _____

TIME: _____ ODOMETER: _____ GAS: _____

PAY: _____ TIPS: _____

NOTES: _____

DATE: ___/___/_____

PICK UP LOCATION: _____

TIME: _____ ODOMETER: _____ GAS: _____

#PASSENGERS: _____

DROP OFF LOCATION: _____

TIME: _____ ODOMETER: _____ GAS: _____

PAY: _____ TIPS: _____

NOTES: _____

DATE: ___/___/_____

PICK UP LOCATION: _____

TIME: _____ ODOMETER: _____ GAS: _____

#PASSENGERS: _____

DROP OFF LOCATION: _____

TIME: _____ ODOMETER: _____ GAS: _____

PAY: _____ TIPS: _____

NOTES: _____

DATE: ___/___/_____

PICK UP LOCATION: _____

TIME: _____ ODOMETER: _____ GAS: _____

#PASSENGERS: _____

DROP OFF LOCATION: _____

TIME: _____ ODOMETER: _____ GAS: _____

PAY: _____ TIPS: _____

NOTES: _____

DATE: ___/___/_____

PICK UP LOCATION: _____

TIME: _____ ODOMETER: _____ GAS: _____

#PASSENGERS: _____

DROP OFF LOCATION: _____

TIME: _____ ODOMETER: _____ GAS: _____

PAY: _____ TIPS: _____

NOTES: _____

DATE: ___/___/_____

PICK UP LOCATION: _____

TIME: _____ ODOMETER: _____ GAS: _____

#PASSENGERS: _____

DROP OFF LOCATION: _____

TIME: _____ ODOMETER: _____ GAS: _____

PAY: _____ TIPS: _____

NOTES: _____

DATE: ___/___/_____

PICK UP LOCATION: _____

TIME: _____ ODOMETER: _____ GAS: _____

#PASSENGERS: _____

DROP OFF LOCATION: _____

TIME: _____ ODOMETER: _____ GAS: _____

PAY: _____ TIPS: _____

NOTES: _____

DATE: ___/___/_____

PICK UP LOCATION:_____

TIME:_____ ODOMETER:_____ GAS:_____

#PASSENGERS:_____

DROP OFF LOCATION:_____

TIME:_____ ODOMETER:_____ GAS:_____

PAY:_____ TIPS:_____

NOTES:_____

DATE: ___/___/_____

PICK UP LOCATION:_____

TIME:_____ ODOMETER:_____ GAS:_____

#PASSENGERS:_____

DROP OFF LOCATION:_____

TIME:_____ ODOMETER:_____ GAS:_____

PAY:_____ TIPS:_____

NOTES:_____

DATE: ___/___/_____

PICK UP LOCATION:_____

TIME:_____ ODOMETER:_____ GAS:_____

#PASSENGERS:_____

DROP OFF LOCATION:_____

TIME:_____ ODOMETER:_____ GAS:_____

PAY:_____ TIPS:_____

NOTES:_____

DATE: ___/___/_____

PICK UP LOCATION: _____

TIME: _____ ODOMETER: _____ GAS: _____

#PASSENGERS: _____

DROP OFF LOCATION: _____

TIME: _____ ODOMETER: _____ GAS: _____

PAY: _____ TIPS: _____

NOTES: _____

DATE: ___/___/_____

PICK UP LOCATION: _____

TIME: _____ ODOMETER: _____ GAS: _____

#PASSENGERS: _____

DROP OFF LOCATION: _____

TIME: _____ ODOMETER: _____ GAS: _____

PAY: _____ TIPS: _____

NOTES: _____

DATE: ___/___/_____

PICK UP LOCATION: _____

TIME: _____ ODOMETER: _____ GAS: _____

#PASSENGERS: _____

DROP OFF LOCATION: _____

TIME: _____ ODOMETER: _____ GAS: _____

PAY: _____ TIPS: _____

NOTES: _____

DATE: ___/___/_____

PICK UP LOCATION: _____

TIME: _____ ODOMETER: _____ GAS: _____

#PASSENGERS: _____

DROP OFF LOCATION: _____

TIME: _____ ODOMETER: _____ GAS: _____

PAY: _____ TIPS: _____

NOTES: _____

DATE: ___/___/_____

PICK UP LOCATION: _____

TIME: _____ ODOMETER: _____ GAS: _____

#PASSENGERS: _____

DROP OFF LOCATION: _____

TIME: _____ ODOMETER: _____ GAS: _____

PAY: _____ TIPS: _____

NOTES: _____

DATE: ___/___/_____

PICK UP LOCATION: _____

TIME: _____ ODOMETER: _____ GAS: _____

#PASSENGERS: _____

DROP OFF LOCATION: _____

TIME: _____ ODOMETER: _____ GAS: _____

PAY: _____ TIPS: _____

NOTES: _____

DATE: ___/___/_____

PICK UP LOCATION: _____

TIME: _____ ODOMETER: _____ GAS: _____

#PASSENGERS: _____

DROP OFF LOCATION: _____

TIME: _____ ODOMETER: _____ GAS: _____

PAY: _____ TIPS: _____

NOTES: _____

DATE: ___/___/_____

PICK UP LOCATION: _____

TIME: _____ ODOMETER: _____ GAS: _____

#PASSENGERS: _____

DROP OFF LOCATION: _____

TIME: _____ ODOMETER: _____ GAS: _____

PAY: _____ TIPS: _____

NOTES: _____

DATE: ___/___/_____

PICK UP LOCATION: _____

TIME: _____ ODOMETER: _____ GAS: _____

#PASSENGERS: _____

DROP OFF LOCATION: _____

TIME: _____ ODOMETER: _____ GAS: _____

PAY: _____ TIPS: _____

NOTES: _____

DATE: ___/___/_____

PICK UP LOCATION: _____

TIME: _____ ODOMETER: _____ GAS: _____

#PASSENGERS: _____

DROP OFF LOCATION: _____

TIME: _____ ODOMETER: _____ GAS: _____

PAY: _____ TIPS: _____

NOTES: _____

DATE: ___/___/_____

PICK UP LOCATION: _____

TIME: _____ ODOMETER: _____ GAS: _____

#PASSENGERS: _____

DROP OFF LOCATION: _____

TIME: _____ ODOMETER: _____ GAS: _____

PAY: _____ TIPS: _____

NOTES: _____

DATE: ___/___/_____

PICK UP LOCATION: _____

TIME: _____ ODOMETER: _____ GAS: _____

#PASSENGERS: _____

DROP OFF LOCATION: _____

TIME: _____ ODOMETER: _____ GAS: _____

PAY: _____ TIPS: _____

NOTES: _____

DATE: ___/___/_____

PICK UP LOCATION: _____

TIME: _____ ODOMETER: _____ GAS: _____

#PASSENGERS: _____

DROP OFF LOCATION: _____

TIME: _____ ODOMETER: _____ GAS: _____

PAY: _____ TIPS: _____

NOTES: _____

DATE: ___/___/_____

PICK UP LOCATION: _____

TIME: _____ ODOMETER: _____ GAS: _____

#PASSENGERS: _____

DROP OFF LOCATION: _____

TIME: _____ ODOMETER: _____ GAS: _____

PAY: _____ TIPS: _____

NOTES: _____

DATE: ___/___/_____

PICK UP LOCATION: _____

TIME: _____ ODOMETER: _____ GAS: _____

#PASSENGERS: _____

DROP OFF LOCATION: _____

TIME: _____ ODOMETER: _____ GAS: _____

PAY: _____ TIPS: _____

NOTES: _____

DATE: ___/___/_____

PICK UP LOCATION: _____

TIME: _____ ODOMETER: _____ GAS: _____

#PASSENGERS: _____

DROP OFF LOCATION: _____

TIME: _____ ODOMETER: _____ GAS: _____

PAY: _____ TIPS: _____

NOTES: _____

DATE: ___/___/_____

PICK UP LOCATION: _____

TIME: _____ ODOMETER: _____ GAS: _____

#PASSENGERS: _____

DROP OFF LOCATION: _____

TIME: _____ ODOMETER: _____ GAS: _____

PAY: _____ TIPS: _____

NOTES: _____

DATE: ___/___/_____

PICK UP LOCATION: _____

TIME: _____ ODOMETER: _____ GAS: _____

#PASSENGERS: _____

DROP OFF LOCATION: _____

TIME: _____ ODOMETER: _____ GAS: _____

PAY: _____ TIPS: _____

NOTES: _____

DATE: ___/___/_____

PICK UP LOCATION: _____

TIME: _____ ODOMETER: _____ GAS: _____

#PASSENGERS: _____

DROP OFF LOCATION: _____

TIME: _____ ODOMETER: _____ GAS: _____

PAY: _____ TIPS: _____

NOTES: _____

DATE: ___/___/_____

PICK UP LOCATION: _____

TIME: _____ ODOMETER: _____ GAS: _____

#PASSENGERS: _____

DROP OFF LOCATION: _____

TIME: _____ ODOMETER: _____ GAS: _____

PAY: _____ TIPS: _____

NOTES: _____

DATE: ___/___/_____

PICK UP LOCATION: _____

TIME: _____ ODOMETER: _____ GAS: _____

#PASSENGERS: _____

DROP OFF LOCATION: _____

TIME: _____ ODOMETER: _____ GAS: _____

PAY: _____ TIPS: _____

NOTES: _____

WEEKLY VEHICLE CHECK AND SERVICE LOG

DATE:___/___/____

VEHICLE TAG #		VEHICLE MAKE/MODEL	
INSPECTION ITEM	CHECK	DEFICIENCIES	SERVICES PERFORMED
WINDSHIELD WIPERS	☐		
MIRRORS	☐		
INSTRUMENTS OPERATION	☐		
EMERGENCY BRAKE	☐		
BRAKES	☐		
HORN	☐		
STEERING & ALIGNMENT	☐		
ENGINE OIL LEVEL	☐		
AIR CLEANER	☐		
ALL GLASS	☐		
AIR CONDITIONER	☐		
GENERAL ENGINE OPERATION	☐		
COOLANT SYSTEM	☐		
OIL, FUEL & COOLANT LEAKS	☐		
TIRES & TIRE PRESSURE	☐		
BELTS	☐		
STARTER & IGNITION	☐		
ALTERNATOR OUTPUT	☐		
FUEL SYSTEM	☐		
SUSPENSION SYSTEM	☐		
TRANSMISSION OIL LEVEL	☐		
BRAKE LIGHTS	☐		
TURN SIGNALS	☐		
HEAD LIGHTS	☐		
BATTERY OPERATION LEVELS	☐		
EXHAUST SYSTEM	☐		
REFLECTORS	☐		
SCRATCHES & DENTS	☐		

WEEKLY VEHICLE CHECK AND SERVICE LOG

DATE:___/___/_____

VEHICLE TAG #		VEHICLE MAKE/MODEL	
INSPECTION ITEM	**CHECK**	**DEFICIENCIES**	**SERVICES PERFORMED**
WINDSHIELD WIPERS	☐		
MIRRORS	☐		
INSTRUMENTS OPERATION	☐		
EMERGENCY BRAKE	☐		
BRAKES	☐		
HORN	☐		
STEERING & ALIGNMENT	☐		
ENGINE OIL LEVEL	☐		
AIR CLEANER	☐		
ALL GLASS	☐		
AIR CONDITIONER	☐		
GENERAL ENGINE OPERATION	☐		
COOLANT SYSTEM	☐		
OIL, FUEL & COOLANT LEAKS	☐		
TIRES & TIRE PRESSURE	☐		
BELTS	☐		
STARTER & IGNITION	☐		
ALTERNATOR OUTPUT	☐		
FUEL SYSTEM	☐		
SUSPENSION SYSTEM	☐		
TRANSMISSION OIL LEVEL	☐		
BRAKE LIGHTS	☐		
TURN SIGNALS	☐		
HEAD LIGHTS	☐		
BATTERY OPERATION LEVELS	☐		
EXHAUST SYSTEM	☐		
REFLECTORS	☐		
SCRATCHES & DENTS	☐		

WEEKLY VEHICLE CHECK AND SERVICE LOG

DATE: ___/___/____

VEHICLE TAG #		VEHICLE MAKE/MODEL	
INSPECTION ITEM	**CHECK**	**DEFICIENCIES**	**SERVICES PERFORMED**
WINDSHIELD WIPERS	☐		
MIRRORS	☐		
INSTRUMENTS OPERATION	☐		
EMERGENCY BRAKE	☐		
BRAKES	☐		
HORN	☐		
STEERING & ALIGNMENT	☐		
ENGINE OIL LEVEL	☐		
AIR CLEANER	☐		
ALL GLASS	☐		
AIR CONDITIONER	☐		
GENERAL ENGINE OPERATION	☐		
COOLANT SYSTEM	☐		
OIL, FUEL & COOLANT LEAKS	☐		
TIRES & TIRE PRESSURE	☐		
BELTS	☐		
STARTER & IGNITION	☐		
ALTERNATOR OUTPUT	☐		
FUEL SYSTEM	☐		
SUSPENSION SYSTEM	☐		
TRANSMISSION OIL LEVEL	☐		
BRAKE LIGHTS	☐		
TURN SIGNALS	☐		
HEAD LIGHTS	☐		
BATTERY OPERATION LEVELS	☐		
EXHAUST SYSTEM	☐		
REFLECTORS	☐		
SCRATCHES & DENTS	☐		

WEEKLY VEHICLE CHECK AND SERVICE LOG
DATE:___/___/_____

VEHICLE TAG #		VEHICLE MAKE/MODEL	
INSPECTION ITEM	**CHECK**	**DEFICIENCIES**	**SERVICES PERFORMED**
WINDSHIELD WIPERS	☐		
MIRRORS	☐		
INSTRUMENTS OPERATION	☐		
EMERGENCY BRAKE	☐		
BRAKES	☐		
HORN	☐		
STEERING & ALIGNMENT	☐		
ENGINE OIL LEVEL	☐		
AIR CLEANER	☐		
ALL GLASS	☐		
AIR CONDITIONER	☐		
GENERAL ENGINE OPERATION	☐		
COOLANT SYSTEM	☐		
OIL, FUEL & COOLANT LEAKS	☐		
TIRES & TIRE PRESSURE	☐		
BELTS	☐		
STARTER & IGNITION	☐		
ALTERNATOR OUTPUT	☐		
FUEL SYSTEM	☐		
SUSPENSION SYSTEM	☐		
TRANSMISSION OIL LEVEL	☐		
BRAKE LIGHTS	☐		
TURN SIGNALS	☐		
HEAD LIGHTS	☐		
BATTERY OPERATION LEVELS	☐		
EXHAUST SYSTEM	☐		
REFLECTORS	☐		
SCRATCHES & DENTS	☐		

WEEKLY VEHICLE CHECK AND SERVICE LOG

DATE: ___/___/_____

VEHICLE TAG #		VEHICLE MAKE/MODEL	
INSPECTION ITEM	CHECK	DEFICIENCIES	SERVICES PERFORMED
WINDSHIELD WIPERS	☐		
MIRRORS	☐		
INSTRUMENTS OPERATION	☐		
EMERGENCY BRAKE	☐		
BRAKES	☐		
HORN	☐		
STEERING & ALIGNMENT	☐		
ENGINE OIL LEVEL	☐		
AIR CLEANER	☐		
ALL GLASS	☐		
AIR CONDITIONER	☐		
GENERAL ENGINE OPERATION	☐		
COOLANT SYSTEM	☐		
OIL, FUEL & COOLANT LEAKS	☐		
TIRES & TIRE PRESSURE	☐		
BELTS	☐		
STARTER & IGNITION	☐		
ALTERNATOR OUTPUT	☐		
FUEL SYSTEM	☐		
SUSPENSION SYSTEM	☐		
TRANSMISSION OIL LEVEL	☐		
BRAKE LIGHTS	☐		
TURN SIGNALS	☐		
HEAD LIGHTS	☐		
BATTERY OPERATION LEVELS	☐		
EXHAUST SYSTEM	☐		
REFLECTORS	☐		
SCRATCHES & DENTS	☐		

WEEKLY VEHICLE CHECK AND SERVICE LOG

DATE:___/___/_____

VEHICLE TAG #		VEHICLE MAKE/MODEL	
INSPECTION ITEM	CHECK	DEFICIENCIES	SERVICES PERFORMED
WINDSHIELD WIPERS	☐		
MIRRORS	☐		
INSTRUMENTS OPERATION	☐		
EMERGENCY BRAKE	☐		
BRAKES	☐		
HORN	☐		
STEERING & ALIGNMENT	☐		
ENGINE OIL LEVEL	☐		
AIR CLEANER	☐		
ALL GLASS	☐		
AIR CONDITIONER	☐		
GENERAL ENGINE OPERATION	☐		
COOLANT SYSTEM	☐		
OIL, FUEL & COOLANT LEAKS	☐		
TIRES & TIRE PRESSURE	☐		
BELTS	☐		
STARTER & IGNITION	☐		
ALTERNATOR OUTPUT	☐		
FUEL SYSTEM	☐		
SUSPENSION SYSTEM	☐		
TRANSMISSION OIL LEVEL	☐		
BRAKE LIGHTS	☐		
TURN SIGNALS	☐		
HEAD LIGHTS	☐		
BATTERY OPERATION LEVELS	☐		
EXHAUST SYSTEM	☐		
REFLECTORS	☐		
SCRATCHES & DENTS	☐		

WEEKLY VEHICLE CHECK AND SERVICE LOG

DATE:___/___/_____

VEHICLE TAG #		VEHICLE MAKE/MODEL	
INSPECTION ITEM	CHECK	DEFICIENCIES	SERVICES PERFORMED
WINDSHIELD WIPERS	☐		
MIRRORS	☐		
INSTRUMENTS OPERATION	☐		
EMERGENCY BRAKE	☐		
BRAKES	☐		
HORN	☐		
STEERING & ALIGNMENT	☐		
ENGINE OIL LEVEL	☐		
AIR CLEANER	☐		
ALL GLASS	☐		
AIR CONDITIONER	☐		
GENERAL ENGINE OPERATION	☐		
COOLANT SYSTEM	☐		
OIL, FUEL & COOLANT LEAKS	☐		
TIRES & TIRE PRESSURE	☐		
BELTS	☐		
STARTER & IGNITION	☐		
ALTERNATOR OUTPUT	☐		
FUEL SYSTEM	☐		
SUSPENSION SYSTEM	☐		
TRANSMISSION OIL LEVEL	☐		
BRAKE LIGHTS	☐		
TURN SIGNALS	☐		
HEAD LIGHTS	☐		
BATTERY OPERATION LEVELS	☐		
EXHAUST SYSTEM	☐		
REFLECTORS	☐		
SCRATCHES & DENTS	☐		

WEEKLY VEHICLE CHECK AND SERVICE LOG

DATE:___/___/_____

VEHICLE TAG #		VEHICLE MAKE/MODEL	
INSPECTION ITEM	CHECK	DEFICIENCIES	SERVICES PERFORMED
WINDSHIELD WIPERS	☐		
MIRRORS	☐		
INSTRUMENTS OPERATION	☐		
EMERGENCY BRAKE	☐		
BRAKES	☐		
HORN	☐		
STEERING & ALIGNMENT	☐		
ENGINE OIL LEVEL	☐		
AIR CLEANER	☐		
ALL GLASS	☐		
AIR CONDITIONER	☐		
GENERAL ENGINE OPERATION	☐		
COOLANT SYSTEM	☐		
OIL, FUEL & COOLANT LEAKS	☐		
TIRES & TIRE PRESSURE	☐		
BELTS	☐		
STARTER & IGNITION	☐		
ALTERNATOR OUTPUT	☐		
FUEL SYSTEM	☐		
SUSPENSION SYSTEM	☐		
TRANSMISSION OIL LEVEL	☐		
BRAKE LIGHTS	☐		
TURN SIGNALS	☐		
HEAD LIGHTS	☐		
BATTERY OPERATION LEVELS	☐		
EXHAUST SYSTEM	☐		
REFLECTORS	☐		
SCRATCHES & DENTS	☐		

WEEKLY VEHICLE CHECK AND SERVICE LOG
DATE: ___/___/____

VEHICLE TAG #		VEHICLE MAKE/MODEL	
INSPECTION ITEM	CHECK	DEFICIENCIES	SERVICES PERFORMED
WINDSHIELD WIPERS	☐		
MIRRORS	☐		
INSTRUMENTS OPERATION	☐		
EMERGENCY BRAKE	☐		
BRAKES	☐		
HORN	☐		
STEERING & ALIGNMENT	☐		
ENGINE OIL LEVEL	☐		
AIR CLEANER	☐		
ALL GLASS	☐		
AIR CONDITIONER	☐		
GENERAL ENGINE OPERATION	☐		
COOLANT SYSTEM	☐		
OIL, FUEL & COOLANT LEAKS	☐		
TIRES & TIRE PRESSURE	☐		
BELTS	☐		
STARTER & IGNITION	☐		
ALTERNATOR OUTPUT	☐		
FUEL SYSTEM	☐		
SUSPENSION SYSTEM	☐		
TRANSMISSION OIL LEVEL	☐		
BRAKE LIGHTS	☐		
TURN SIGNALS	☐		
HEAD LIGHTS	☐		
BATTERY OPERATION LEVELS	☐		
EXHAUST SYSTEM	☐		
REFLECTORS	☐		
SCRATCHES & DENTS	☐		

WEEKLY VEHICLE CHECK AND SERVICE LOG

DATE:___/___/_____

VEHICLE TAG #		VEHICLE MAKE/MODEL	
INSPECTION ITEM	CHECK	DEFICIENCIES	SERVICES PERFORMED
WINDSHIELD WIPERS	☐		
MIRRORS	☐		
INSTRUMENTS OPERATION	☐		
EMERGENCY BRAKE	☐		
BRAKES	☐		
HORN	☐		
STEERING & ALIGNMENT	☐		
ENGINE OIL LEVEL	☐		
AIR CLEANER	☐		
ALL GLASS	☐		
AIR CONDITIONER	☐		
GENERAL ENGINE OPERATION	☐		
COOLANT SYSTEM	☐		
OIL, FUEL & COOLANT LEAKS	☐		
TIRES & TIRE PRESSURE	☐		
BELTS	☐		
STARTER & IGNITION	☐		
ALTERNATOR OUTPUT	☐		
FUEL SYSTEM	☐		
SUSPENSION SYSTEM	☐		
TRANSMISSION OIL LEVEL	☐		
BRAKE LIGHTS	☐		
TURN SIGNALS	☐		
HEAD LIGHTS	☐		
BATTERY OPERATION LEVELS	☐		
EXHAUST SYSTEM	☐		
REFLECTORS	☐		
SCRATCHES & DENTS	☐		

WEEKLY VEHICLE CHECK AND SERVICE LOG
DATE:___/___/_____

VEHICLE TAG #		VEHICLE MAKE/MODEL	
INSPECTION ITEM	**CHECK**	**DEFICIENCIES**	**SERVICES PERFORMED**
WINDSHIELD WIPERS	☐		
MIRRORS	☐		
INSTRUMENTS OPERATION	☐		
EMERGENCY BRAKE	☐		
BRAKES	☐		
HORN	☐		
STEERING & ALIGNMENT	☐		
ENGINE OIL LEVEL	☐		
AIR CLEANER	☐		
ALL GLASS	☐		
AIR CONDITIONER	☐		
GENERAL ENGINE OPERATION	☐		
COOLANT SYSTEM	☐		
OIL, FUEL & COOLANT LEAKS	☐		
TIRES & TIRE PRESSURE	☐		
BELTS	☐		
STARTER & IGNITION	☐		
ALTERNATOR OUTPUT	☐		
FUEL SYSTEM	☐		
SUSPENSION SYSTEM	☐		
TRANSMISSION OIL LEVEL	☐		
BRAKE LIGHTS	☐		
TURN SIGNALS	☐		
HEAD LIGHTS	☐		
BATTERY OPERATION LEVELS	☐		
EXHAUST SYSTEM	☐		
REFLECTORS	☐		
SCRATCHES & DENTS	☐		

WEEKLY VEHICLE CHECK AND SERVICE LOG
DATE:___/___/_____

VEHICLE TAG #		VEHICLE MAKE/MODEL	
INSPECTION ITEM	**CHECK**	**DEFICIENCIES**	**SERVICES PERFORMED**
WINDSHIELD WIPERS	☐		
MIRRORS	☐		
INSTRUMENTS OPERATION	☐		
EMERGENCY BRAKE	☐		
BRAKES	☐		
HORN	☐		
STEERING & ALIGNMENT	☐		
ENGINE OIL LEVEL	☐		
AIR CLEANER	☐		
ALL GLASS	☐		
AIR CONDITIONER	☐		
GENERAL ENGINE OPERATION	☐		
COOLANT SYSTEM	☐		
OIL, FUEL & COOLANT LEAKS	☐		
TIRES & TIRE PRESSURE	☐		
BELTS	☐		
STARTER & IGNITION	☐		
ALTERNATOR OUTPUT	☐		
FUEL SYSTEM	☐		
SUSPENSION SYSTEM	☐		
TRANSMISSION OIL LEVEL	☐		
BRAKE LIGHTS	☐		
TURN SIGNALS	☐		
HEAD LIGHTS	☐		
BATTERY OPERATION LEVELS	☐		
EXHAUST SYSTEM	☐		
REFLECTORS	☐		
SCRATCHES & DENTS	☐		

WEEKLY VEHICLE CHECK AND SERVICE LOG

DATE:___/___/_____

VEHICLE TAG #		VEHICLE MAKE/MODEL	
INSPECTION ITEM	**CHECK**	**DEFICIENCIES**	**SERVICES PERFORMED**
WINDSHIELD WIPERS	☐		
MIRRORS	☐		
INSTRUMENTS OPERATION	☐		
EMERGENCY BRAKE	☐		
BRAKES	☐		
HORN	☐		
STEERING & ALIGNMENT	☐		
ENGINE OIL LEVEL	☐		
AIR CLEANER	☐		
ALL GLASS	☐		
AIR CONDITIONER	☐		
GENERAL ENGINE OPERATION	☐		
COOLANT SYSTEM	☐		
OIL, FUEL & COOLANT LEAKS	☐		
TIRES & TIRE PRESSURE	☐		
BELTS	☐		
STARTER & IGNITION	☐		
ALTERNATOR OUTPUT	☐		
FUEL SYSTEM	☐		
SUSPENSION SYSTEM	☐		
TRANSMISSION OIL LEVEL	☐		
BRAKE LIGHTS	☐		
TURN SIGNALS	☐		
HEAD LIGHTS	☐		
BATTERY OPERATION LEVELS	☐		
EXHAUST SYSTEM	☐		
REFLECTORS	☐		
SCRATCHES & DENTS	☐		

WEEKLY VEHICLE CHECK AND SERVICE LOG

DATE: ___/___/_____

VEHICLE TAG #		VEHICLE MAKE/MODEL	
INSPECTION ITEM	**CHECK**	**DEFICIENCIES**	**SERVICES PERFORMED**
WINDSHIELD WIPERS	☐		
MIRRORS	☐		
INSTRUMENTS OPERATION	☐		
EMERGENCY BRAKE	☐		
BRAKES	☐		
HORN	☐		
STEERING & ALIGNMENT	☐		
ENGINE OIL LEVEL	☐		
AIR CLEANER	☐		
ALL GLASS	☐		
AIR CONDITIONER	☐		
GENERAL ENGINE OPERATION	☐		
COOLANT SYSTEM	☐		
OIL, FUEL & COOLANT LEAKS	☐		
TIRES & TIRE PRESSURE	☐		
BELTS	☐		
STARTER & IGNITION	☐		
ALTERNATOR OUTPUT	☐		
FUEL SYSTEM	☐		
SUSPENSION SYSTEM	☐		
TRANSMISSION OIL LEVEL	☐		
BRAKE LIGHTS	☐		
TURN SIGNALS	☐		
HEAD LIGHTS	☐		
BATTERY OPERATION LEVELS	☐		
EXHAUST SYSTEM	☐		
REFLECTORS	☐		
SCRATCHES & DENTS	☐		

WEEKLY VEHICLE CHECK AND SERVICE LOG

DATE:___/___/____

VEHICLE TAG #		VEHICLE MAKE/MODEL	
INSPECTION ITEM	**CHECK**	**DEFICIENCIES**	**SERVICES PERFORMED**
WINDSHIELD WIPERS	☐		
MIRRORS	☐		
INSTRUMENTS OPERATION	☐		
EMERGENCY BRAKE	☐		
BRAKES	☐		
HORN	☐		
STEERING & ALIGNMENT	☐		
ENGINE OIL LEVEL	☐		
AIR CLEANER	☐		
ALL GLASS	☐		
AIR CONDITIONER	☐		
GENERAL ENGINE OPERATION	☐		
COOLANT SYSTEM	☐		
OIL, FUEL & COOLANT LEAKS	☐		
TIRES & TIRE PRESSURE	☐		
BELTS	☐		
STARTER & IGNITION	☐		
ALTERNATOR OUTPUT	☐		
FUEL SYSTEM	☐		
SUSPENSION SYSTEM	☐		
TRANSMISSION OIL LEVEL	☐		
BRAKE LIGHTS	☐		
TURN SIGNALS	☐		
HEAD LIGHTS	☐		
BATTERY OPERATION LEVELS	☐		
EXHAUST SYSTEM	☐		
REFLECTORS	☐		
SCRATCHES & DENTS	☐		

WEEKLY VEHICLE CHECK AND SERVICE LOG
DATE:___/___/_____

VEHICLE TAG #		VEHICLE MAKE/MODEL	
INSPECTION ITEM	CHECK	DEFICIENCIES	SERVICES PERFORMED
WINDSHIELD WIPERS	☐		
MIRRORS	☐		
INSTRUMENTS OPERATION	☐		
EMERGENCY BRAKE	☐		
BRAKES	☐		
HORN	☐		
STEERING & ALIGNMENT	☐		
ENGINE OIL LEVEL	☐		
AIR CLEANER	☐		
ALL GLASS	☐		
AIR CONDITIONER	☐		
GENERAL ENGINE OPERATION	☐		
COOLANT SYSTEM	☐		
OIL, FUEL & COOLANT LEAKS	☐		
TIRES & TIRE PRESSURE	☐		
BELTS	☐		
STARTER & IGNITION	☐		
ALTERNATOR OUTPUT	☐		
FUEL SYSTEM	☐		
SUSPENSION SYSTEM	☐		
TRANSMISSION OIL LEVEL	☐		
BRAKE LIGHTS	☐		
TURN SIGNALS	☐		
HEAD LIGHTS	☐		
BATTERY OPERATION LEVELS	☐		
EXHAUST SYSTEM	☐		
REFLECTORS	☐		
SCRATCHES & DENTS	☐		

WEEKLY VEHICLE CHECK AND SERVICE LOG
DATE:___/___/_____

VEHICLE TAG #		VEHICLE MAKE/MODEL	
INSPECTION ITEM	CHECK	DEFICIENCIES	SERVICES PERFORMED
WINDSHIELD WIPERS	☐		
MIRRORS	☐		
INSTRUMENTS OPERATION	☐		
EMERGENCY BRAKE	☐		
BRAKES	☐		
HORN	☐		
STEERING & ALIGNMENT	☐		
ENGINE OIL LEVEL	☐		
AIR CLEANER	☐		
ALL GLASS	☐		
AIR CONDITIONER	☐		
GENERAL ENGINE OPERATION	☐		
COOLANT SYSTEM	☐		
OIL, FUEL & COOLANT LEAKS	☐		
TIRES & TIRE PRESSURE	☐		
BELTS	☐		
STARTER & IGNITION	☐		
ALTERNATOR OUTPUT	☐		
FUEL SYSTEM	☐		
SUSPENSION SYSTEM	☐		
TRANSMISSION OIL LEVEL	☐		
BRAKE LIGHTS	☐		
TURN SIGNALS	☐		
HEAD LIGHTS	☐		
BATTERY OPERATION LEVELS	☐		
EXHAUST SYSTEM	☐		
REFLECTORS	☐		
SCRATCHES & DENTS	☐		

WEEKLY VEHICLE CHECK AND SERVICE LOG

DATE:___/___/_____

VEHICLE TAG #		VEHICLE MAKE/MODEL	
INSPECTION ITEM	**CHECK**	**DEFICIENCIES**	**SERVICES PERFORMED**
WINDSHIELD WIPERS	☐		
MIRRORS	☐		
INSTRUMENTS OPERATION	☐		
EMERGENCY BRAKE	☐		
BRAKES	☐		
HORN	☐		
STEERING & ALIGNMENT	☐		
ENGINE OIL LEVEL	☐		
AIR CLEANER	☐		
ALL GLASS	☐		
AIR CONDITIONER	☐		
GENERAL ENGINE OPERATION	☐		
COOLANT SYSTEM	☐		
OIL, FUEL & COOLANT LEAKS	☐		
TIRES & TIRE PRESSURE	☐		
BELTS	☐		
STARTER & IGNITION	☐		
ALTERNATOR OUTPUT	☐		
FUEL SYSTEM	☐		
SUSPENSION SYSTEM	☐		
TRANSMISSION OIL LEVEL	☐		
BRAKE LIGHTS	☐		
TURN SIGNALS	☐		
HEAD LIGHTS	☐		
BATTERY OPERATION LEVELS	☐		
EXHAUST SYSTEM	☐		
REFLECTORS	☐		
SCRATCHES & DENTS	☐		

WEEKLY VEHICLE CHECK AND SERVICE LOG
DATE: __/__/____

VEHICLE TAG #		VEHICLE MAKE/MODEL	
INSPECTION ITEM	**CHECK**	**DEFICIENCIES**	**SERVICES PERFORMED**
WINDSHIELD WIPERS	☐		
MIRRORS	☐		
INSTRUMENTS OPERATION	☐		
EMERGENCY BRAKE	☐		
BRAKES	☐		
HORN	☐		
STEERING & ALIGNMENT	☐		
ENGINE OIL LEVEL	☐		
AIR CLEANER	☐		
ALL GLASS	☐		
AIR CONDITIONER	☐		
GENERAL ENGINE OPERATION	☐		
COOLANT SYSTEM	☐		
OIL, FUEL & COOLANT LEAKS	☐		
TIRES & TIRE PRESSURE	☐		
BELTS	☐		
STARTER & IGNITION	☐		
ALTERNATOR OUTPUT	☐		
FUEL SYSTEM	☐		
SUSPENSION SYSTEM	☐		
TRANSMISSION OIL LEVEL	☐		
BRAKE LIGHTS	☐		
TURN SIGNALS	☐		
HEAD LIGHTS	☐		
BATTERY OPERATION LEVELS	☐		
EXHAUST SYSTEM	☐		
REFLECTORS	☐		
SCRATCHES & DENTS	☐		

WEEKLY VEHICLE CHECK AND SERVICE LOG
DATE:___/___/_____

VEHICLE TAG #		VEHICLE MAKE/MODEL	
INSPECTION ITEM	**CHECK**	**DEFICIENCIES**	**SERVICES PERFORMED**
WINDSHIELD WIPERS	☐		
MIRRORS	☐		
INSTRUMENTS OPERATION	☐		
EMERGENCY BRAKE	☐		
BRAKES	☐		
HORN	☐		
STEERING & ALIGNMENT	☐		
ENGINE OIL LEVEL	☐		
AIR CLEANER	☐		
ALL GLASS	☐		
AIR CONDITIONER	☐		
GENERAL ENGINE OPERATION	☐		
COOLANT SYSTEM	☐		
OIL, FUEL & COOLANT LEAKS	☐		
TIRES & TIRE PRESSURE	☐		
BELTS	☐		
STARTER & IGNITION	☐		
ALTERNATOR OUTPUT	☐		
FUEL SYSTEM	☐		
SUSPENSION SYSTEM	☐		
TRANSMISSION OIL LEVEL	☐		
BRAKE LIGHTS	☐		
TURN SIGNALS	☐		
HEAD LIGHTS	☐		
BATTERY OPERATION LEVELS	☐		
EXHAUST SYSTEM	☐		
REFLECTORS	☐		
SCRATCHES & DENTS	☐		

WEEKLY VEHICLE CHECK AND SERVICE LOG
DATE:___/___/_____

VEHICLE TAG #		VEHICLE MAKE/MODEL	
INSPECTION ITEM	**CHECK**	**DEFICIENCIES**	**SERVICES PERFORMED**
WINDSHIELD WIPERS	☐		
MIRRORS	☐		
INSTRUMENTS OPERATION	☐		
EMERGENCY BRAKE	☐		
BRAKES	☐		
HORN	☐		
STEERING & ALIGNMENT	☐		
ENGINE OIL LEVEL	☐		
AIR CLEANER	☐		
ALL GLASS	☐		
AIR CONDITIONER	☐		
GENERAL ENGINE OPERATION	☐		
COOLANT SYSTEM	☐		
OIL, FUEL & COOLANT LEAKS	☐		
TIRES & TIRE PRESSURE	☐		
BELTS	☐		
STARTER & IGNITION	☐		
ALTERNATOR OUTPUT	☐		
FUEL SYSTEM	☐		
SUSPENSION SYSTEM	☐		
TRANSMISSION OIL LEVEL	☐		
BRAKE LIGHTS	☐		
TURN SIGNALS	☐		
HEAD LIGHTS	☐		
BATTERY OPERATION LEVELS	☐		
EXHAUST SYSTEM	☐		
REFLECTORS	☐		
SCRATCHES & DENTS	☐		

WEEKLY VEHICLE CHECK AND SERVICE LOG

DATE:___/___/_____

VEHICLE TAG #		VEHICLE MAKE/MODEL	
INSPECTION ITEM	**CHECK**	**DEFICIENCIES**	**SERVICES PERFORMED**
WINDSHIELD WIPERS	☐		
MIRRORS	☐		
INSTRUMENTS OPERATION	☐		
EMERGENCY BRAKE	☐		
BRAKES	☐		
HORN	☐		
STEERING & ALIGNMENT	☐		
ENGINE OIL LEVEL	☐		
AIR CLEANER	☐		
ALL GLASS	☐		
AIR CONDITIONER	☐		
GENERAL ENGINE OPERATION	☐		
COOLANT SYSTEM	☐		
OIL, FUEL & COOLANT LEAKS	☐		
TIRES & TIRE PRESSURE	☐		
BELTS	☐		
STARTER & IGNITION	☐		
ALTERNATOR OUTPUT	☐		
FUEL SYSTEM	☐		
SUSPENSION SYSTEM	☐		
TRANSMISSION OIL LEVEL	☐		
BRAKE LIGHTS	☐		
TURN SIGNALS	☐		
HEAD LIGHTS	☐		
BATTERY OPERATION LEVELS	☐		
EXHAUST SYSTEM	☐		
REFLECTORS	☐		
SCRATCHES & DENTS	☐		

WEEKLY VEHICLE CHECK AND SERVICE LOG

DATE: ___/___/____

VEHICLE TAG #		VEHICLE MAKE/MODEL	
INSPECTION ITEM	**CHECK**	**DEFICIENCIES**	**SERVICES PERFORMED**
WINDSHIELD WIPERS	☐		
MIRRORS	☐		
INSTRUMENTS OPERATION	☐		
EMERGENCY BRAKE	☐		
BRAKES	☐		
HORN	☐		
STEERING & ALIGNMENT	☐		
ENGINE OIL LEVEL	☐		
AIR CLEANER	☐		
ALL GLASS	☐		
AIR CONDITIONER	☐		
GENERAL ENGINE OPERATION	☐		
COOLANT SYSTEM	☐		
OIL, FUEL & COOLANT LEAKS	☐		
TIRES & TIRE PRESSURE	☐		
BELTS	☐		
STARTER & IGNITION	☐		
ALTERNATOR OUTPUT	☐		
FUEL SYSTEM	☐		
SUSPENSION SYSTEM	☐		
TRANSMISSION OIL LEVEL	☐		
BRAKE LIGHTS	☐		
TURN SIGNALS	☐		
HEAD LIGHTS	☐		
BATTERY OPERATION LEVELS	☐		
EXHAUST SYSTEM	☐		
REFLECTORS	☐		
SCRATCHES & DENTS	☐		

WEEKLY VEHICLE CHECK AND SERVICE LOG

DATE:___/___/_____

VEHICLE TAG #		VEHICLE MAKE/MODEL	
INSPECTION ITEM	**CHECK**	**DEFICIENCIES**	**SERVICES PERFORMED**
WINDSHIELD WIPERS	☐		
MIRRORS	☐		
INSTRUMENTS OPERATION	☐		
EMERGENCY BRAKE	☐		
BRAKES	☐		
HORN	☐		
STEERING & ALIGNMENT	☐		
ENGINE OIL LEVEL	☐		
AIR CLEANER	☐		
ALL GLASS	☐		
AIR CONDITIONER	☐		
GENERAL ENGINE OPERATION	☐		
COOLANT SYSTEM	☐		
OIL, FUEL & COOLANT LEAKS	☐		
TIRES & TIRE PRESSURE	☐		
BELTS	☐		
STARTER & IGNITION	☐		
ALTERNATOR OUTPUT	☐		
FUEL SYSTEM	☐		
SUSPENSION SYSTEM	☐		
TRANSMISSION OIL LEVEL	☐		
BRAKE LIGHTS	☐		
TURN SIGNALS	☐		
HEAD LIGHTS	☐		
BATTERY OPERATION LEVELS	☐		
EXHAUST SYSTEM	☐		
REFLECTORS	☐		
SCRATCHES & DENTS	☐		

MONTHLY GAS & OIL EXPENSE LOG SHEET

DATE	STATION/LOCATION	GAS/FUEL		OIL		GAS COST	OIL COST	TOTAL COST
		# GALS.	$ GAL.	# QTS.	$ QT.			
	TOTALS							

MONTHLY GAS & OIL EXPENSE LOG SHEET

DATE	STATION/LOCATION	GAS/FUEL		OIL		GAS COST	OIL COST	TOTAL COST
		# GALS.	$ GAL.	# QTS.	$ QT.			
	TOTALS							

MONTHLY GAS & OIL EXPENSE LOG SHEET

DATE	STATION/LOCATION	GAS/FUEL		OIL		GAS COST	OIL COST	TOTAL COST
		# GALS.	$ GAL.	# QTS.	$ QT.			
TOTALS								

The Ubernizer

MONTHLY GAS & OIL EXPENSE LOG SHEET

DATE	STATION/LOCATION	GAS/FUEL		OIL		GAS COST	OIL COST	TOTAL COST
		# GALS.	$ GAL.	# QTS.	$ QT.			
TOTALS								

MONTHLY GAS & OIL EXPENSE LOG SHEET

DATE	STATION/LOCATION	GAS/FUEL		OIL		GAS COST	OIL COST	TOTAL COST
		# GALS.	$ GAL.	# QTS.	$ QT.			
	TOTALS							

The Ubernizer

MONTHLY GAS & OIL EXPENSE LOG SHEET

DATE	STATION/LOCATION	GAS/FUEL		OIL		GAS COST	OIL COST	TOTAL COST
		# GALS.	$ GAL.	# QTS.	$ QT.			
TOTALS								

NOTES

Date: __/__/___	Date: __/__/___	Date: __/__/___
Date: __/__/___	Date: __/__/___	Date: __/__/___
Date: __/__/___	Date: __/__/___	Date: __/__/___
Date: __/__/___	Date: __/__/___	Date: __/__/___
Date: __/__/___	Date: __/__/___	Date: __/__/___
Date: __/__/___	Date: __/__/___	Date: __/__/___
Date: __/__/___	Date: __/__/___	Date: __/__/___

NOTES

Date: __/__/____

Date: __/__/____

Date: __/__/____

Date: __/__/____

Date: __/__/____

Date: __/__/____

Date: __/__/____

Date: __/__/____

Date: __/__/____

Date: __/__/____

Date: __/__/____

Date: __/__/____

Date: __/__/____

Date: __/__/____

Date: __/__/____

Date: __/__/____

Date: __/__/____

Date: __/__/____

Date: __/__/____

Date: __/__/____

Date: __/__/____

NOTES

Date: __/__/____

Date: __/__/____

Date: __/__/____

Date: __/__/____

Date: __/__/____

Date: __/__/____

Date: __/__/____

Date: __/__/____

Date: __/__/____

Date: __/__/____

Date: __/__/____

Date: __/__/____

Date: __/__/____

Date: __/__/____

Date: __/__/____

Date: __/__/____

Date: __/__/____

Date: __/__/____

Date: __/__/____

Date: __/__/____

Date: __/__/____

Made in the USA
Columbia, SC
25 June 2025